Das preußische Feuerbestattungsrecht.

Gesetz vom 14. September 1911 nebst Erläuterungen sowie Erörterung der übrigen in Betracht kommenden Gesetze und Verordnungen.

Für Behörden, Juristen und Rechtsuchende

bearbeitet von

Ludwig Schultz,

Magistratsrat in Berlin.

Springer-Verlag Berlin Heidelberg GmbH
1912

ISBN 978-3-662-38859-4 ISBN 978-3-662-39785-5 (eBook)
DOI 10.1007/978-3-662-39785-5

Vorwort.

Nachdem die Feuerbestattung in Preußen durch Gesetz vom 14. September 1911 zugelassen ist, wenn auch nur unter sehr erheblichen Kautelen, wird es darauf ankommen, durch sachgemäße Ausführung des Gesetzes allen Interessen der dabei beteiligten Kreise gerecht zu werden. Hierzu behilflich zu sein, ist der Zweck dieses Büchleins, das in erster Linie für die Praxis bestimmt ist. Soll es aber für die Praxis wirksame Dienste leisten, so konnte ich mich nicht darauf beschränken, das Gesetz vom 14. September 1911 mit seiner Ausführungsanweisung zu erläutern, da in ihm lediglich das Polizeirecht der Feuerbestattung geregelt wird. Die Rechtsfragen, die gerade bei der Feuerbestattung auftauchen, sind viel zu verschiedenartig, als daß sie sich auf dies Gebiet beschränken. In Frage kommt insbesondere noch das Kirchenrecht, daneben auch das Zivil- und Strafrecht. Ich habe daher auch die in dieses Gebiet einschlagenden Fragen zu erläutern gesucht und hoffe, daß sich dadurch der Wert meiner Arbeit erhöhen möge. Jeder parteipolitischen Streiterei habe ich mich fern zu halten gesucht.

Möge das Buch seinen Zweck erfüllen, das Verständnis des Gesetzes zu vermitteln und bei der Lösung der vielen Zweifelsfragen, die zuerst auftauchen, behilflich zu sein.

Berlin, März 1912.

Ludwig Schultz.

Inhaltsverzeichnis.

Seite

I. Gesetz, betreffend die Feuerbestattung vom 14. September 1911 . . . 1
§ 1. (Erfordernis der Genehmigung der Anlage) 1
§ 2. (Wem darf die Genehmigung erteilt werden?) 3
§ 3. (Gründe zur Versagung oder Zurückziehung der Genehmigung) 6
§ 4. (Gebrauchsordnung und Gebührentarif) 5
§ 5. (Benutzung der Anlage für andere Zwecke) 21
§ 6. (Beisetzungszwang) 23
§ 7. (Polizeiliche Genehmigung einer einzelnen Feuerbestattung und deren Voraussetzung.) 26
§ 8. (Amtsärztliches Attest über die Todesursache) 29
§ 9. (Form der Anordnung der Feuerbestattung, Exkurs zu § 9, Einiges aus zivilrechtlichem Gebiete) 35
§ 10. (Rechtsmittel) 41
§ 11. Strafbestimmungen 41

II. Verschickung von Leichen an ausländische Krematorien zwecks Einäscherung 43

III. Strafrechtliches. Schutz der Aschenurnen 43

IV. Kirche und Feuerbestattung.
Verweigerung der kirchlichen Bestattungsfeier 54
Verweigerung der Zulassung zum Friedhof 55
1. Gebiet des allgemeinen Preußischen Landrechts 56
2. Gebiet des gemeinen Rechts 62
3. Gebiet des code civil 69
Beschränkungen auf dem Friedhofe 72

Anhang: Kommunale Friedhöfe 75

Nachtrag 78

Verzeichnis der behandelten Gesetzesstellen 81

Sachregister 86

(Nr. 11 151.)

Gesetz, betreffend die Feuerbestattung.

Vom 14. September 1911.

Wir Wilhelm, von Gottes Gnaden König von Preußen usw., verordnen, mit Zustimmung der beiden Häuser des Landtags der Monarchie, was folgt:

§ 1.

Die Feuerbestattung darf nur in landespolizeilich genehmigten Anlagen erfolgen.

§ 2.

Die Genehmigung darf nur Gemeinden und Gemeindeverbänden oder solchen anderen Körperschaften des öffentlichen Rechtes, denen die Sorge für die Beschaffung der öffentlichen Begräbnisplätze obliegt, erteilt werden, sofern die nach den bestehenden Staats- oder Kirchengesetzen erforderliche Zustimmung der für die Körperschaft zuständigen Aufsichtsbehörde vorliegt.

§ 3.

Die Genehmigung ist zu versagen:

1. wenn nicht dafür gesorgt ist, daß neben der Feuerbestattung auch die Beerdigung Verstorbener dauernd in bisheriger Weise stattfinden kann;
2. wenn die Einrichtungen den technischen Anforderungen nicht entsprechen;
3. wenn die äußere oder innere Ausgestaltung der dem Zwecke entsprechenden Würde ermangelt;
4. wenn sich bei der Anlage geeignete Räume und Einrichtungen zur Unterbringung von Leichen, zur Vornahme von Leichenöffnungen, zur Abhaltung von Trauerfeierlichkeiten und zur Beisetzung der Aschenreste (Urnenhalle, Urnengrabstellen) nicht befinden oder wenn das Grundstück einer angemessenen Einfriedigung entbehrt;

5. wenn Bedenken in polizeilicher, insbesondere bau-, feuer- oder gesundheitspolizeilicher Hinsicht entgegenstehen;
6. wenn Tatsachen vorliegen, welche die Annahme rechtfertigen, daß durch die örtliche Lage oder Beschaffenheit der Anlage für das Publikum oder für die Besitzer oder Bewohner der benachbarten Grundstücke erhebliche Nachteile oder Belästigungen entstehen;
7. wenn nicht von den im § 2 genannten Körperschaften der Antrag von minstestens Zweidrittelmehrheit beschlossen worden ist.

Die Genehmigung ist zurückzuziehen, wenn einer der im Abs. 1 Nr. 1 bis 4 aufgeführten Versagungsgründe nachträglich eintritt.

§ 4.

Die Benutzung der Anlage darf nur nach Maßgabe einer von der staatlichen Aufsichtsbehörde der Körperschaft genehmigten Gebrauchsordnung erfolgen. Die Gebrauchsordnung muß den Gebührentarif für die Benutzung der Einrichtungen enthalten; sofern jedoch hinsichtlich der Festsetzung der Gebühren für die Benutzung der von der Körperschaft im öffentlichen Interesse unterhaltenen Veranstaltungen besondere gesetzliche Vorschriften bestehen, bleiben diese unberührt. Die Gebühren sind so zu bemessen, daß sie die Kosten der Einrichtung einschließlich Verzinsung und Tilgung, der Erhaltung und Verwaltung der Anlage decken.

§ 5.

Der Genehmigung der staatlichen Aufsichtsbehörde bedarf es, wenn das Grundstück, auf welchem die Anlage errichtet ist, ganz oder teilweise zu einem anderen Zwecke verwendet werden soll.

§ 6.

Die Aschenreste von verbrannten Leichen müssen in einem für jede Leiche besonderen, behördlich verschlossenen Behältnis entweder in der Urnenhalle (Urnengrab) (§ 3 Nr. 4) oder in einer anderen behördlich genehmigten Bestattungsanlage beigesetzt werden.

§ 7.

Zur Vornahme der Feuerbestattung ist in jedem Falle mindestens 24 Stunden vorher die Genehmigung der Ortspolizeibehörde des Verbrennungsorts einzuholen.

Antragsberechtigt ist jeder Bestattungspflichtige.

Die Genehmigung ist schriftlich zu erteilen; sie muß versagt werden, wenn nicht beigebracht sind:

1. die amtliche Sterbeurkunde;
2. die amtsärztliche Bescheinigung über die Todesursache (§ 8);
3. der Nachweis, daß der Verstorbene die Feuerbestattung seiner Leiche angeordnet hat (§ 9);
4. die Bescheinigung der Ortspolizeibehörde des Sterbeorts oder des letzten Wohnorts des Verstorbenen, daß keine Bedenken gegen die Feuerbestattung bestehen, daß insbesondere ein Verdacht, der Tod sei durch eine strafbare Handlung herbeigeführt worden, nicht vorliegt.

§ 8.

Die amtsärztliche Bescheinigung über die Todesursache (§ 7 Abs. 3 Nr. 2) ist auf Grund der Leichenschau auszustellen und muß die Erklärung enthalten, daß ein Verdacht, der Tod sei durch eine strafbare Handlung herbeigeführt worden, sich nicht ergeben hat.

War der Verstorbene in der dem Tode unmittelbar voraufgegangenen Krankheit ärztlich behandelt worden, so ist der behandelnde Arzt zu der Leichenschau zuzuziehen und sein Gutachten über die Todesursache in die Bescheinigung (Abs. 1) aufzunehmen.

War der zuständige beamtete Arzt zugleich der behandelnde Arzt, so ist die Bescheinigung von einem anderen beamteten Arzte auszustellen.

Vor der Erteilung der Bescheinigung ist die Leichenöffnung vorzunehmen, wenn einer der beteiligten Ärzte sie zur Feststellung der Todesursache für erforderlich hält.

§ 9.

Der Nachweis, daß der Verstorbene die Feuerbestattung angeordnet hat (§ 7 Abs. 3 Nr. 3), kann erbracht werden:

1. durch eine letztwillige Verfügung des Verstorbenen;
2. durch eine mündliche Erklärung des Verstorbenen, die von einer zur Führung eines öffentlichen Siegels berechtigten Person als in ihrer Gegenwart abgegeben beurkundet ist.

Die Anordnung ist nur wirksam, wenn der Verstorbene sie nach vollendetem 16. Lebensjahre getroffen hatte, sie kann nicht durch einen Vertreter getroffen werden; stand jedoch der Verstorbene unter elterlicher Gewalt und hatte er nicht das 16. Lebensjahr vollendet, so tritt der Antrag des Inhabers der elterlichen Gewalt an die Stelle der Anordnung.

§ 10.

Über Beschwerden gegen Verfügungen der Polizeibehörden auf Grund des § 7 hat die vorgesetzte Dienstbehörde binnen einer Frist von 24 Stunden endgültig zu entscheiden.

§ 11.

Mit Geldstrafe bis zu 150 Mark oder mit Haft wird bestraft, wer ohne Beachtung der Vorschriften der §§ 7 bis 9 die Verbrennung einer Leiche vornimmt oder wer der Vorschrift des § 6 zuwiderhandelt.

Urkundlich unter Unserer Höchsteigenhändigen Unterschrift und beigedrucktem Königlichen Insiegel.

Gegeben Neues Palais, den 14. September 1911.

(L. S.) Wilhelm.

v. Bethmann Hollweg. v. Tirpitz. Delbrück. Beseler.
v. Breitenbach. Sydow. v. Trott zu Solz. v. Heeringen.
Frhr. v. Schorlemer. v. Dallwitz. Lentze.

(Nr. 11151.)

Gesetz, betreffend die Feuerbestattung.

Vom 14. September 1911.

(G.-S. 1911, Nr. 29, S. 193—196.)

Wir Wilhelm, von Gottes Gnaden König von Preußen usw., verordnen, mit Zustimmung der beiden Häuser des Landtags der Monarchie, was folgt:

§ 1.

Die Feuerbestattung darf nur in landespolizeilich genehmigten Anlagen erfolgen.

1. Feuerbestattung ist die Verwandlung der körperlichen Überreste verstorbener Menschen in Asche durch den Verbrennungsprozeß und die Beisetzung der Aschenüberreste. Zu verwerfen ist die Ansicht, die Feuerbestattung bestehe nur in der Leichenverbrennung, die Worte „Feuerbestattung" und „Leichenverbrennung" seien also synonym. Das Wort Bestattung bedeutet: „eine Stätte geben", „eine Ruhestätte geben". Dies geschieht aber mit den Überresten verstorbener Menschen nur dann, wenn sie auch irgendwo beigesetzt werden, das heißt: wenn sie zum dauernden Verbleib irgendwo untergebracht sind. § 1 bezieht sich mithin nicht nur auf die Verbrennung, sondern auch auf die Beisetzung der Aschenüberreste. So auch die Motive des Gesetzes.

2. Feuerbestattung kann bei vollständigen Leichen wie bei Leichenteilen vorkommen. Keine Feuerbestattung im Sinne dieses Gesetzes liegt indessen vor, wenn es sich um Leichen oder Leichenteile handelt, die keine Identität mehr haben, z. B. um auf der Anatomie zerstückelte Leichen, um amputierte Glieder oder ähnliches. Die polizeilichen Sicherungsvorschriften, die das Gesetz gibt, haben den Zweck, im öffentlichen Interesse einwandfrei sicherzu stellen, daß keine Feuerbestattung erfolge in unangemessener Weise, und daß sie nicht geschehe gegen den Willen des Verstorbenen oder um Verbrechen zu verdecken. Alle diese Interessen bestehen bei Leichen und Leichenteilen, die keine Identität mehr haben, nicht. Im Gegenteil ist bei ihnen in der Regel ihre möglichst radikale Beseitigung schon aus hygienischen Gründen im öffentlichen Interesse geradezu erwünscht.

3. Die Feuerbestattungsanlagen, das heißt: sowohl die Anlagen zur Leichenverbrennung wie die Anlagen zur Beisetzung der Aschenüberreste müssen landespolizeilich genehmigt sein. Landespolizeibehörde ist der Regierungspräsident (Regierungsinstruktion vom 23. Oktober 1817. Kabinettsordre vom 31. Dezember 1825), für die Gemeinden Berlin, Charlottenburg, Schöneberg, Rixdorf, Deutsch-Wilmersdorf, Lichtenberg und Boxhagen-Rummelsburg der Polizeipräsident zu Berlin. Gesetz vom 13. Juni 1900 § 1. Gesetz vom 27. März 1907. Gesetz vom 7. März 1908. Das Gesetz hat die Genehmigung der Feuerbestattungsanlagen der Landespolizei übertragen, weil ihr die Aufrechterhaltung der äußeren kirchlichen Ordnung obliegt. Vgl. Motive des Gesetzes zu § 1. Entscheidungen des Oberverwaltungsgerichts Bd. 16 S. 390, Bd. 20 S. 421, Bd. 21 S. 128, Bd. 44 S. 61, Bd. 51 S. 200. Vgl. auch § 18 Ziffer 2 der Regierungsinstruktion vom 23. Oktober 1817.

4. Die Genehmigung oder Versagung der Genehmigung ist eine polizeiliche Verfügung. Gegen sie sind die Rechtsmittel der §§ 127 folg. des Landesverwaltungsgesetzes gegeben. Vgl. auch die Motive zu § 3 des Gesetzes, letzter Absatz.

Die Erteilung der Genehmigung unterliegt einer preußischen Landesstempelsteuer nach Maßgabe des preußischen Stempelsteuergesetzes vom $\frac{\text{31. Juli 1895}}{\text{30. Juni 1909}}$, Tarif Nr. 22d.

5. Eine Feuerbestattung, die in Preußen zuwider den Vorschriften dieses Gesetzes vorgenommen wird, widerspricht den in diesem Gesetze im Interesse der öffentlichen Ordnung aufgestellten Vorschriften. Sie kann mithin auf Grund von § 10 II 17 ALR. durch polizeiliche Verfügung untersagt, eventuell mit Gewalt verhindert werden. Außerdem ist derjenige, der eine solche Feuerbestattung vornimmt, strafbar. In Frage kommen können hier als strafrechtliche Bestimmungen die §§ 11 des Feuerbestattungsgesetzes und § 367 Ziffer 1 des Reichsstrafgesetzbuches. Soweit eine nach § 1 des Gesetzes unerlaubte Feuerbestattung zugleich unter Verletzung der Vorschriften der §§ 7—9 des Gesetzes geschehen ist, ist der Täter nach § 11 strafbar, Eine gleichzeitige Strafbarkeit nach § 367 Ziffer 1 RStG. ist nicht gegeben, weil der § 11 des Feuerbestattungsgesetzes aus dem Tatbestand dieses Paragraphen ein spezielles Delikt herausschält: das Beiseiteschaffen einer Leiche durch Verbrennung entgegen den Vorschriften der §§ 7—9 des Feuerbestattungsgesetzes. Liegt eine Verletzung der §§ 7—9 nicht vor — man denke an den Fall, daß ordnungsmäßig die Erlaubnis der Polizeibehörde eingeholt ist, aber die Verbrennung anderswo als in einer genehmigten Feuerbestattungsanlage erfolgt — so liegt in dem Verbrennungsakt jedenfalls eine Übertretung des § 367 Ziffer 1 StGB. Es ist eine Leiche verbrannt worden ohne die Kautelen, die das Gesetz für Leichenverbrennungen erfordert. Eine behördliche Kontrolle

der Aschenüberreste ist infolgedessen niemals möglich. Eine Verbrennung in der Weise, daß eine behördliche Kontrolle der Aschenüberreste nicht mehr möglich ist, ist ein Beiseiteschaffen der Leiche eines Verstorbenen, mithin Übertretung des § 367 Ziffer 1 StGB. Ist außerdem die Aschenurne nicht beigesetzt worden, so liegt außerdem noch eine Übertretung des § 11 des Feuerbestattungsgesetzes vor.

§ 2.

Die Genehmigung darf nur Gemeinden und Gemeindeverbänden oder solchen anderen Körperschaften des öffentlichen Rechtes, denen die Sorge für die Beschaffung der öffentlichen Begräbnisplätze obliegt, erteilt werden, sofern die nach den bestehenden Staats- oder Kirchengesetzen erforderliche Zustimmung der für die Körperschaft zuständigen Aufsichtsbehörde vorliegt.

1. Gemeinden. Gemeint sind offenbar die bürgerlichen Gemeinden. Vgl. auch Motive zu § 2 des Gesetzes. Gutsbezirken könnte nach § 2 die Genehmigung nicht erteilt werden.

2. Gemeindeverbänden. In Frage kommen können hier: a) Die Gemeindeverbände der §§ 128 folg. der Landgemeindeordnung für die östlichen Provinzen vom 3. Juli 1891, der hessen-nassauischen Landgemeindeordnung §§ 100 folg. und der schleswig-holsteinischen Landgemeindeordnung §§ 128 folg. In dem Gebiete dieser Gesetze sind Gemeindeverbände für alle gemeinsamen Angelegenheiten der ihnen angeschlossenen Gemeinden zulässig. Es würde nichts im Wege stehen, auch die Errichtung einer Feuerbestattungsanlage für eine solche gemeinsame Angelegenheit zu erachten und die Zuständigkeit des Gemeindeverbandes auf sie mit auszudehnen. Diesen Gemeindeverbänden können Landgemeinden, Gutsbezirke und auch Stadtgemeinden angehören. § 138 der Landgemeindeordnung vom 3. Juli 1891. § 138 der schleswig-holsteinischen Landgemeindeordnung. b) Die westfälischen Ämter. §§ 4 und 5 der westfälischen Landgemeindeordnung. Auch sie sind für alle Angelegenheiten der ihnen angeschlossenen Gemeinden, die in ihren Geschäftskreis gezogen werden, zulässig. Das Gesetz zieht hier keine spezielle Grenze. c) Die rheinländischen Landbürgermeistereien. Vgl. §§ 7 und 8 der rheinischen Landgemeindeordnung. Von ihnen gilt dasselbe wie von den westfälischen Ämtern. d) Nicht gehören hierher die hannöverschen Samtgemeinden. Sie können nur für ganz spezielle einzelne Zwecke, nämlich für das Wohnrecht und für die Armenlasten begründet werden. Bekanntmachung des Königlich Hannoverschen Ministeriums vom 28. April 1859, §§ 1, 8 und 9. Eine Ausdehnung der Zuständigkeit dieser Samtgemeinden auf die Errichtung einer gemeinsamen Bestattungsanlage ist mithin unzu-

lässig. e) Die durch das allgemeine Zweckverbandsgesetz vom 19. Juli 1911 zugelassenen Zweckverbände sind für kommunale Aufgaben jeder Art möglich. §§ 1, 2 des Gesetzes. Es kann ihnen daher auch die gemeinsame Errichtung eines Krematoriums gestattet werden. Dies ist nicht der Fall bei dem Zweckverband Groß-Berlin, da dessen Aufgaben genau beschränkt sind (§ 1 des Zweckverbandsgesetzes für Groß-Berlin) und zu ihnen die gemeinsame Einrichtung solcher Anlagen nicht gehört.

3. Körperschaften des öffentlichen Rechts, denen die Sorge für die Beschaffung der öffentlichen Begräbnisplätze obliegt. Als solche können nur die Kirchengemeinden der öffentlich aufgenommenen Kirchengesellschaften in Betracht kommen. §§ 17 folg., 183 folg. II 11 ALR. Die sogenannten nur geduldeten Religionsgesellschaften (§ 20 II 11 ALR.) haben keinerlei Korporationsrechte. Zudem bestimmt noch Art. 13 der preußischen Verfassung, daß Kirchengesellschaften nur durch Gesetz Korporationsrechte erwerben können. Hiernach würden unter diese Rubrik nur gehören Kirchengesellschaften, denen durch Gesetz Korporationsrechte beigelegt sind. Dies sind die evangelische und römisch-katholische Kirche (Religionsedikt vom 9. Juli 1788), die altkatholischen Kirchengemeinden (Gesetz vom 4. Juli 1875), die separierten Altlutheraner (Generalkonzession vom 23. Juli 1845), die Reformierte niederländische Konfession (Generalkonzession vom 24. November 1849), die Mennoniten (Gesetz vom 12. Juli 1874), die Baptisten (Gesetz vom 7. Juli 1875), die Herrenhuter und Böhmischen Brüder (Generalkonzession vom 7. Mai 1746 und 18. Juli 1763), endlich die jüdischen Synagogengemeinden (Gesetz vom 23. Juni 1847 §§ 47 folg.).

Kirchengemeinden, denen keine Korporationsrechte beigelegt sind, sind nicht antragsberechtigt, da sie keine „Körperschaften des öffentlichen Rechtes sind", ebensowenig Kirchengemeinden oder andere juristische Personen, denen zwar die Anlegung öffentlicher Begräbnisplätze gestattet ist, denen aber die Sorge zur Beschaffung derselben, das heißt: die eventuelle Pflicht zur Beschaffung derselben, nicht obliegt. Andere juristische Personen als Kirchengemeinden oder politische Gemeinden oder Gemeindeverbände kommen in Preußen als zur Beschaffung der öffentlichen Begräbnisplätze verpflichtet nicht in Frage. Es kann ihnen mithin auch nicht die Errichtung von Feuerbestattungsanlagen erlaubt werden. Insbesondere kann dies auch nicht bei den Feuerbestattungsvereinen und bei physischen Personen geschehen.

4. Voraussetzung der Genehmigung ist, daß die nach den bestehenden Staats- oder Kirchengesetzen erforderliche Zustimmung der für die Körperschaft zuständigen Aufsichtsbehörde vorliegt. Diese Vorschrift bestimmt nichts Neues, sondern hält nur daran fest, daß, soweit nach den bisherigen Staats- oder Kirchengesetzen für die Errichtung einer Feuerbestattungsanlage Zustimmung der Aufsichtsbehörde nötig war, die Innehaltung

dieser Vorschrift noch heute Voraussetzung für die landespolizeiliche Genehmigung der Anlage ist. Natürlich ist in den bisherigen Gesetzen, da die Feuerbestattung vor Erlaß des Gesetzes vom 14. September 1911 in Preußen nicht geduldet wurde, nirgends von einer Voraussetzung für die Errichtung von Feuerbestattungsanlagen die Rede. Es kann daher nur in Frage kommen, ob bisher für die Errichtung von Gebäuden oder von Bestattungsanlagen die Genehmigung einer Aufsichtsbehörde erforderlich war. Dies trifft bei politischen Gemeinden oder Gemeindeverbänden nicht zu. Allerdings war bei ihnen für die Errichtung von Bestattungsanlagen nach § 764 II 11 ALR. die Zustimmung der geistlichen Oberen und die Genehmigung der Polizeivorgesetzten des Ortes erforderlich. Erstere war auch in den Gebieten des vormaligen Herzogtums Nassau vielfach nötig. Die Genehmigung der geistlichen Oberen ist jedoch heutzutage obsolet geworden, außerdem genießen sie nicht die Qualität einer Aufsichtsbehörde. Unter den „Polizeivorgesetzten des Ortes" ist die Ortspolizeibehörde zu verstehen. Ihre Qualität als Aufsichtsbehörde ist längst hinweggefallen. Anderweite Vorschriften in dieser Beziehung existieren nicht. Politische Gemeinden sind also an die Zustimmung von Aufsichtsinstanzen nicht gebunden, außer wenn dies aus anderen speziellen Gründen nötig ist, etwa wenn zwecks Errichtung einer Feuerbestattungsanlage eine Anleihe aufgenommen werden soll.

Anders liegt die Sache bei den Kirchengemeinden. Sie bedürfen der Genehmigung von Aufsichtsbehörden vielfach bei der Errichtung neuer Gebäude wie bei der Errichtung neuer Bestattungsanlagen. Unbedenklich werden Krematorien, da in ihnen Räume für Trauerandachten vorhanden sein müssen (§ 3 Ziffer 4 des Gesetzes), ebenso wie Leichenhallen mit Kapelle als für kirchliche Zwecke mit bestimmte Gebäude anzusehen sein. Feuerbestattungsanlagen sind ferner Bestattungsanlagen. Es werden daher auf sie dieselben Rechtsgrundsätze anzuwenden sein wie für Erdbestattungsanlagen. Kirchengemeinden bedürfen demnach zur Errichtung von Feuerbestattungsanlagen der Genehmigung ihrer staatlichen oder kirchlichen Aufsichtsbehörde, soweit sie derselben zur Errichtung neuer, für kirchliche Zwecke bestimmter Gebäude oder zur Errichtung neuer Bestattungsanlagen bedürfen. Hierzu ist nun nötig bei evangelischen Kirchengemeinden die Genehmigung des Konsistoriums und des Regierungspräsidenten. Vgl. für die neun älteren Provinzen Gesetz vom 3. Juli 1876 Artikel 24 Ziffer 5 und 6. Verordnung vom 9. September 1876 und vom 30. Januar 1893. Verwaltungsordnung für die östlichen Provinzen § 23. Für Schleswig-Holstein Kirchengemeinde- und Synodalordnung für Schleswig-Holstein § 52. Gesetz vom 6. April 1878 Art. 32 Ziffer 5 und 6. Verordnung vom 19. August 1878 Art. 3 und vom 30. Januar 1893. Für Hannover vgl. Hannöversches Gesetz vom 14. Oktober 1848 § 18 Ziffer 4 und Gesetz vom 25. Juli 1884 Art. 3, bezüglich der reformierten Kirche Gesetz vom 24. Juni 1885 Art. 21 Ziffer 5 und 6, Kirchengemeinde- und Synodalordnung § 34 Ziffer 5. Verordnung vom 25. Juli 1884. Verordnung vom 10. September 1885 Art. 1 Ziffer 6 sowie Verordnung vom 30. Januar 1893. Für den Bezirk des Konsistoriums zu Cassel vgl. Gesetz vom 19. März 1886 Art. 18 Ziffer 5 und 6. Erlaß vom 5. Juli 1887 §§ 1 und 3. Verordnung vom 10. Januar 1887. Für den Bezirk des Wiesbadener Konsistoriums vgl. Gesetz vom 6. April 1878 Art. 32 Ziffer 5 und 6 und Verordnung vom 23. Januar 1867. Für katholische Kirchengemeinden ist erforderlich Zustimmung der bischöflichen Aufsichtsbehörde und des Regierungspräsidenten. Gesetz vom 20. Juni 1875 § 50 Ziffer 4 und 5. Gesetz vom 7. Juni 1876 § 2. Verordnung vom 27. September 1875 und vom 29. September 1876.

Fehlt es an der Zustimmung der Aufsichtsbehörde, so muß die Genehmigung zur Errichtung der Feuerbestattungsanlagen versagt werden.

5. Muß die Genehmigung erteilt werden, wenn die Voraussetzungen derselben vorhanden sind? Die jetzige Fassung des § 2 rührt ursprünglich von der Kommission des Abgeordnetenhauses her und beruht auf einem Antrag der Abgeordneten Dr. Schrock und Genossen bei der zweiten Lesung des Gesetzes. Nach einer vom Minister des Innern von Dallwitz in der Kommission des Abgeordnetenhauses abgegebenen Erklärung ist dadurch an dem materiellen Inhalt des Gesetzes nichts geändert. Die Regierung stehe auf dem Standpunkt, daß wenn die erforderlichen Voraussetzungen vorhanden seien, die Genehmigung für den Bau der Feuerbestattungsanlage erteilt werden müsse. Trotz der nicht glücklichen Fassung des § 2 des Gesetzes wird man dieser Ansicht beistimmen. Sinn und Zweck des ganzen Feuerbestattungsgesetzes ist es, die Anforderungen, die im polizeilichen Interesse an die Errichtung eines Krematoriums gestellt werden müssen, genau zu fixieren, also zu bestimmen, welche Maßnahmen dabei im Interesse der öffentlichen Ruhe, Sicherheit und Ordnung zu treffen sind. Hat dies das Gesetz getan, so ist eine Polizeibehörde nicht in der Lage, nach ihrem diskretionären Ermessen noch besondere Anforderungen zu stellen. Ihrer Verfügung, welche dies dennoch tut oder trotz Erfüllung der gesetzlichen Vorschriften doch die Errichtung der Feuerbestattungsanlage untersagt, stände § 10 II 17 ALR. nicht zur Seite. Sie wäre daher ungesetzlich und auf Klage im Verwaltungsgerichtsverfahren aufzuheben.

§ 3.

Die Genehmigung ist zu versagen:

1. wenn nicht dafür gesorgt ist, daß neben der Feuerbestattung auch die Beerdigung Verstorbener dauernd in bisheriger Weise stattfinden kann.

1. Diese Bestimmung ist vom Abgeordnetenhaus in der zweiten Lesung des Gesetzes eingefügt worden auf Antrag der Abgeordneten Dr. Schrock, von Goßler und Genossen. Vom juristischen Standpunkt erscheint sie recht bedenklich und kann leicht zu erheblichen Schwierigkeiten führen, namentlich dann, wenn diejenige Körperschaft, die eine Genehmigung zur Feuerbestattungsanlage nachsucht, nicht zugleich die ist, der die Sorge für die Beschaffung öffentlicher Begräbnisplätze obliegt, etwa wenn letztere der Kirche obliegt und die die Genehmigung nachsuchende Körperschaft eine politische Gemeinde ist. Ein Recht, eine Kirchengemeinde oder politische Gemeinde im Klagewege zu zwingen ihren Verpflichtungen betr. Sorge für Begräbnisplätze nachzukommen, ist nicht vorhanden, sondern nur eine Beschwerde an die Aufsichtsbehörde möglich. Die Ausführungsanweisung des Herrn Ministers des Innern sucht diese Unstimmigkeiten zu beseitigen, indem sie anordnet (II, 3a): „Wenn unter Ziffer 1 als Bedingung für die Genehmigung gefordert wird, daß zugunsten der Anhänger der Erdbestattung dauernd für die Möglichkeit der Wahl dieser Bestattungsform gesorgt ist, so handelt es sich dabei nicht darum, in die bestehenden Verpflichtungen hinsichtlich der Beschaffung von Begräbnisplätzen einzugreifen; es bleibt vielmehr in der Regel nur zu prüfen, ob die Fortdauer der bisher als ausreichend anerkannten vorhandenen Einrichtungen gesichert oder deren Aufhören nicht vorauszusehen ist, auch ihre Benutzung im Vergleich zu dem bisherigen Zustande voraussichtlich keine Beeinträchtigung erfahren wird."

„Das Vorliegen dieser Bedingung, bis zu deren Erfüllung die Erteilung der Genehmigung auszusetzen sein wird, muß von Amts wegen geprüft und gegebenenfalls herbeigeführt, nicht aber darf der die Genehmigung nachsuchenden Körperschaft der Nachweis dafür auferlegt werden."

Hiernach hätte gegebenen Falles die Landespolizeibehörde von Amts wegen Ermittelungen anzustellen und zu prüfen, ob der Bedingung des § 3 Ziffer 1 des Gesetzes genügt ist. Ist dies nicht der Fall, so wäre die Genehmigung der Feuerbestattungsanlage auszusetzen und diejenige Körperschaft, die zur Anlage der Friedhöfe verpflichtet ist, zunächst anzuhalten, daß sie ihrer Pflicht Genüge leiste. Selbstredend ist es der Körperschaft, die eine Genehmigung zur Errichtung einer Feuerbestattungsanlage nachsucht, unbenommen, auch selbst einen Friedhof daneben zu eröffnen, damit der Bedingung des § 3 Ziffer 1 des Gesetzes Genüge geschehen ist. Zur Errichtung eines solchen ist jedoch Genehmigung der Polizeibehörde erforderlich, auch für Kommunen. § 764 II 11 ALR. Rheinisches Gesetz vom 23. Prairial XII.

2. Zur materiellen Auslegung des § 3 Ziffer 1 Es muß dafür gesorgt sein, daß auch die Beerdigung dauernd in bisheriger Weise stattfinden kann. Hiermit ist natürlich nicht gemeint, daß

für eine unbeschränkte Zeitdauer Vorsorge getroffen sein muß. Es wird vielmehr genügen, daß für eine angemessene Reihe von Jahren z. B. das nötige Kirchhofsgelände vorhanden ist. Für diese Zeitdauer muß gesorgt sein, daß die Erdbestattung in bisheriger Weise weiter stattfinden kann, also daß sie so stattfinden kann, wie es an dem betreffenden Orte bisher der Fall war. Unzulässig wäre es mithin, daß eingeführt würde, etwa um Gelände zu sparen, daß mehrere Leichen in demselben Grabe untereinander bestattet werden sollten, während dies bisher nicht erlaubt war, oder daß die Leichenhalle oder Friedhofskapelle nicht dauernd in angemessenem würdigen Zustand gehalten würden.

2. wenn die Einrichtungen den technischen Anforderungen nicht entsprechen.

Diese Vorschrift bezieht sich vornehmlich auf die eigentlichen Verbrennungsanlagen. Gemeint ist natürlich nicht, daß sie allen neuesten Errungenschaften der Technik entsprechen sollen — das würde weit über den Zweck des Gesetzes, polizeiliche Sicherung, hinausgehen — sondern lediglich, daß sie denjenigen Anforderungen zu entsprechen haben, die nach dem neuesten Stande der Technik im polizeilichen Interesse an den technischen Betrieb der Feuerbestattungsanlagen zu stellen sind. Endgültige Bestimmungen hierfür stellt das Gesetz nicht auf, da die polizeilichen Anforderungen sich natürlich dem Stande der Technik anpassen müssen. Eine fortschreitende Technik wird auch die polizeilichen Anforderungen an den technischen Betrieb der Krematorien naturgemäß steigern, da neue Erfindungen ja häufig auch eine vollkommenere Gewähr für die Sicherung des polizeilichen Interesses bieten werden. Zurzeit bestimmt die ministerielle Ausführungsanweisung über die technischen Anforderungen an die Einrichtung der Krematorien folgendes (II 3b derselben): „Was die Anforderungen anlangt, die in technischer Hinsicht an die Feuerbestattungsanlagen zu stellen sind, so kommen dabei in erster Linie die Verbrennungsanlagen in Betracht. Bei der Prüfung wird die Genehmigungsbehörde sich der ihr zur Seite stehenden Medizinal-, Bau- und Gewerbeaufsichtsbeamten zu bedienen, gegebenenfalls auch außerhalb des Beamtenkreises stehende Sachverständige zu hören haben. Für alle Zeiten geltende Vorschriften können dafür nicht gegeben werden: die Anforderungen werden sich vielmehr nach dem jeweiligen Stande der Technik und den bei bestehenden Betrieben gemachten Erfahrungen zu richten haben. Im allgemeinen sind jedoch für die Beurteilung nachstehende Gesichtspunkte zu beachten".

„Zur Erwärmung der Einäscherungsöfen dürfen keine Brennstoffe verwendet werden, die zur Bildung von Rauch oder Ruß Anlaß geben — also beispielsweise nicht Steinkohlen, Holz und andere unvergaste Brennstoffe, wohl aber Koks oder Gas."

„Die Einäscherung darf nicht durch unmittelbare Einwirkung der Brennstoffe, sondern nur in besonderen Einäscherungskammern getrennt vom Feuerraum erfolgen. Die Verbrennungsprodukte der Feuerung dürfen während der Einäscherung weder in die Einäscherungskammer direkt eintreten, noch sie mittelbar beheizen. Die Einäscherung muß vielmehr in der auf genügende Temperatur erhitzten Einäscherungskammer unter Zuführung ausreichender, hoch vorzuwärmender Verbrennungsluft bewirkt werden. Die Verbrennung in der Einäscherungskammer muß vollkommen sein und in ununterbrochener Folge vor sich gehen. Dabei dürfen keine die Nachbarschaft belästigende Gerüche in die Atmosphäre entlassen werden."

„Zur Abführung der Verbrennungsprodukte aus der Feuerung und den Einäscherungskammern muß ein genügend hoher Schornstein vorgesehen werden."

Hiernach werden in Absatz 2—4 einzelne bestimmte Anforderungen in technischer Beziehung aufgestellt, denen Genüge geschehen m u ß, wenn nicht die Versagung der Genehmigung der Feuerbestattungsanlage eintreten soll. Im übrigen ist darüber, ob den technischen Anforderungen entsprochen ist, das eventuell einzuholende Gutachten der Medizinal-, Bau- und Gewerbeaufsichtsbeamten maßgebend.

3. wenn die äußere oder innere Ausgestaltung der dem Zwecke entsprechenden Würde ermangelt.

Bestattungsanlagen, also auch Feuerbestattungsanlagen, sind das Reich des Todes. Diejenigen, welche sie besuchen, werden i n d e r R e g e l naturgemäß von ernster feierlicher Stimmung erfüllt sein. Dem ist Rechnung zu tragen. Die innere und äußere Ausstattung der Leichenhalle, der Kapelle, der Urnenhalle und des Friedhofes muß einen ernsten feierlichen Charakter tragen, der demjenigen eines Kirchhofes ähnlich ist. Jede Pietätlosigkeit, auch pietätlose Inschriften, ebenso Inschriften religiöser oder philosophischer Art, die anders Denkende zu verletzen geeignet sind, sind zu vermeiden. Ferner ist dafür zu sorgen, daß jede unangemessene Behandlung der Leichen vermieden wird. Eingehende Vorschriften lassen sich hier nicht geben. Sache des Empfindens und des Taktgefühles wird es im allgemeinen sein, hier alle Male das richtige Maß zu finden.

4. wenn sich bei der Anlage geeignete Räume und Einrichtungen zur Unterbringung von Leichen, zur Vornahme von Leichenöffnungen, zur Abhaltung von Trauerfeierlichkeiten und zur Beisetzung der Aschenreste (Urnenhalle, Urnengrabstellen) nicht befinden oder wenn das Grundstück einer angemessenen Einfriedigung entbehrt.

Es kommt hier nicht darauf an, ob die betreffenden Einrichtungen und Räume allgemein als geeignet anzusehen sind, sondern ob sie für den Ort, wo die Feuerbestattungsanlage errichtet werden soll, als geeignet und ausreichend anzusehen sind. Die Anforderungen, die an Größe und Zahl der Räume zu stellen sind, überhaupt alle Einrichtungen, die sich auf die voraussichtlich einzuäschernde Zahl der Leichen beziehen, werden ja überall verschieden sein. Im übrigen werden natürlich die Anforderungen überall die gleichen sein müssen. Zu den Einzelheiten ist noch zu bemerken: A. An die Leichenhallen wird man, damit sie „geeignet" sind, die Anforderung stellen müssen, daß sie genügend Licht und Luft haben, auch daß sie kühl genug sind und so eingerichtet, daß dem zu schnellen Eintreten der Verwesung möglichst vorgebeugt wird. Ebenso wird man aus sanitätspolizeilichen Gründen verlangen müssen, daß Sicherungsmaßregeln getroffen sind, um der Weiterverbreitung von Seuchen vorzubeugen, für den Fall, daß Leichen in der Halle sind, die an einer übertragbaren Krankheit nerstorben sind. B. Die Sektionsräume müssen den neuesten Anforderungen der Wissenschaft und Technik entsprechend ausgestattet sein, es müssen auch die notwendigen Instrumente und sonstigen Vorrichtungen zur Vornahme von Leichenöffnungen vorhanden sein. Zum Halten von Dienern für die Sektion ist der Unternehmer der Feuerbestattungsanlage nicht verpflichtet, wohl aber zur dauernden Instandhaltung des Sektionsraumes. Ein nicht ordnungsmäßig in Stand gehaltener Sektionsraum ist auch kein „geeigneter" Raum mehr. C. Bezüglich geeigneter Räume für Trauerfeierlichkeiten wird man an Feuerbestattungsanlagen dieselben Anforderungen wie an Friedhofskapellen zu stellen haben. Was für diese erforderlich ist, muß auch für jene vorhanden sein. Nicht verlangt werden kann dagegen eine Ausstattung, die bei Friedhofskapellen wohl oft gebräuchlich, keineswegs aber allgemein vorhanden ist. Daß die Ausstattung der Kapelle eine würdige sein muß, darüber vgl. Ziffer 3. D. Es muß für die Möglichkeit gesorgt sein, Aschenüberreste in jeder gebräuchlichen Form beizusetzen, also sowohl für die Aufstellung der Urnen in einer Halle wie für die Beisetzung in gärtnerischen Anlagen. Urnenhalle und Urnenhain müssen so groß sein, daß sie für eine angemessene Zahl von Jahren dem Bedürfnis genügen und sich baulich bzw. gärtnerisch in gutem Zustand befinden. Sie müssen ferner in angemessener Weise ähnlich wie Friedhofsanlagen ausgestattet sein. E. Was eine angemessene Einfriedigung für das Grundstück ist, kann nur von Fall zu Fall entschieden werden. Allgemeine Regeln hier aufzustellen ist unmöglich.

Die ministerielle Ausführungsanweisung gibt unter Nr. II 3d über die nach § 3 Ziffer 4 des Gesetzes zu stellenden Anforderungen noch folgende besonderen Vorschriften: „Jedenfalls ist darauf zu halten, daß die nötige Anzahl von ihrer Größe, Belichtung, Belüftung und Temperatur nach geeigneten Räumen zur Unterbringung der der Feuerbestattung zuzuführenden Leichen sowie auch gesonderte Zellen für Leichen von Personen, die an einer übertragbaren Krankheit gestorben sind, vorgesehen werden;

daß der oder die Sektionsräume eine den Anforderungen der Wissenschaft und der Technik entsprechende Anlage und Ausstattung erhalten; daß ferner angemessene Räume für die Ärzte, für die Geistlichen, für die Leichenträger und die sonstigen Bedienungsmannschaften, sodann Bureauräume für die Führung der Bureaugeschäfte, insbesondere des Einäscherungsregisters, und endlich auch Räume vorhanden sind, in welchen das Einbringen der Aschenreste in die gemäß § 6 des Gesetzes bereitzuhaltenden Behälter sowie das vorschriftsmäßige Verschließen dieser Behälter vorgenommen werden, auch die einstweilige Aufbewahrung der an anderen Orten beizusetzenden Aschenreste erfolgen kann. Endlich sind geeignete Räume für das der Trauerfeier beiwohnende Publikum, sowie Bedürfnisanstalten vorzusehen."

5. wenn Bedenken in polizeilicher, insbesondere bau-, feuer- oder gesundheizspolizeilicher Hinsicht entgegenstehen,

Diese dem § 18 der Reichsgewerbeordnung nachgebildete Vorschrift besagt eigentlich etwas selbstverständliches: die bestehenden bau-, feuer- und gesundheitspolizeilichen Vorschriften sind auch bei der Errichtung von Feuerbestattungsanlagen zu beachten, widrigen Falles die Genehmigung zur Errichtung zu versagen ist. Die Besonderheit ist hier nur die, daß auch die Prüfung in bau-, feuer- und gesundheitspolizeilicher Beziehung durch die Landespolizeibehörde erfolgt und nicht durch die Ortspolizeibehörde. Selbstverständlich hat auch die Landespolizeibehörde dabei etwa bestehende ortspolizeiliche Bestimmungen zu beachten. Besondere Anforderungen, die nicht durch Gesetz oder Polizeiverordnung begründet sind, können auch im Interesse der Bau-, Feuer- oder Gesundheitspolizei natürlich nicht an zu errichtende Feuerbestattungsanlagen gestellt werden.

6. wenn Tatsachen vorliegen, welche die Annahme rechtfertigen, daß durch die örtliche Lage oder Beschaffenheit der Anlage für das Publikum oder für die Besitzer oder Bewohner der benachbarten Grundstücke erhebliche Nachteile oder Belästigungen entstehen,

Diese Bestimmung ist dem § 16 der Reichsgewerbeordnung nachgebildet. Sie erfordert zunächst, daß Tatsachen vorliegen, die die Annahme rechtfertigen, es würden Belästigungen entstehen. Diese Tatsachen sind eventuell in dem Bescheide der Landespolizeibehörde anzugeben und unterliegen, falls gegen ihn Klage erhoben wird, der Nachprüfung durch die Verwaltungsgerichte. Bloße unkontrollierbare Vermutungen sind also kein Grund zur Versagung der Genehmigung. Die Nachteile, deren Entstehen befürchtet wird, müssen die Besitzer oder Bewohner benachbarter Grundstücke oder die Allgemeinheit betreffen. Die

Befürchtung, daß e i n z e l n e Personen, die nicht Besitzer oder Bewohner benachbarter Grundstücke sind, belästigt würden, ist unerheblich. Als Besitzer benachbarter Grundstücke kommen natürlich nicht nur deren Eigentümer in Frage, sondern alle, die im Sinne der §§ 854 folg. BGB. Besitz am Grundstück haben, also auch Nutzungsberechtigte, Nießbraucher, Pächter, Mieter und andere. Die Nachteile, deren Entstehen befürchtet wird, können ihre Ursache haben in der örtlichen Lage oder in der Beschaffenheit der Feuerbestattungsanlage. Sie können ferner ideeller oder materieller Art sein. Auf jeden Fall müssen sie aber e r h e b l i c h e sein. Unbedeutende Nachteile oder Belästigungen genügen also nicht, um auf Grund von § 3 Ziffer 6 des Gesetzes die Genehmigung zur Feuerbestattungsanlage zu versagen. Die bloße Nachbarschaft der Feuerbestattungsanlage mit einer Kirche oder Schule kann hiernach jedenfalls noch nicht als erheblicher Nachteil für die letzteren und somit als genügender Versagungsgrund angesehen werden, sofern nicht andere Umstände hinzutreten. Die Feuerbestattung ist als gesetzlich erlaubte Bestattungsart vom Staate anerkannt. Es kann daher nicht zugegeben werden, daß die Ausübung derselben an sich schon Ärgernis erregend oder belästigend ist. Eine Ausnahme bildet natürlich der Fall, daß die Beschaffenheit der Feuerbestattungsanlage eine derartige ist, daß sie Nachteile oder Belästigungen für deren Umgebung oder für das Publikum im allgemeinen hervorruft, etwa wenn die Belästigung durch die von den Krematorien ausgehenden Rauch eine allzu erhebliche ist. Der Umstand, daß Kirchenbesucher Ärgernis daran nehmen könnten, daß eine Feuerbestattungsanlage in der Nähe der Kirche ist, weil sie die Feuerbestattung für unchristlich halten, bildet jedenfalls allein noch keine ideelle e r h e b l i c h e Belästigung der Kirchengemeinde und somit noch keinen gesetzmäßigen Grund zur Versagung der Genehmigung einer Feuerbestattungsanlage, vorausgesetzt natürlich, daß dem § 3 Ziffer 3 des Gesetzes genügt ist.

Selbstredend wäre in dem Bescheid der Landespolizeibehörde im Einzelnen anzugeben, worin die befürchteten Belästigungen bestehen sollen. Ob die Belästigungen erhebliche sind oder solche, die nach Lage der Gesetzesgebung geduldet werden müssen, das zu entscheiden, ist eventuell Sache der Verwaltungsgerichte.

7. wenn nicht von den im § 2 genannten Körperschaften der Antrag von mindestens Zweidrittelmehrheit beschlossen worden ist.

Diese Bestimmung ist erst in der dritten Lesung des Gesetzes auf Antrag der Zentrumspartei aus parteipolitischen Motiven eingefügt worden, um die Errichtung von Feuerbestattungsanlagen möglichst zu erschweren. Ein Analogon hierzu findet sich in den Bestimmungen der preußischen Städteverordnungen und Landgemeindeordnungen nicht. Nötig ist hiernach, daß die Errichtung der Feuerbestattungsanlage von einer beschlußfähigen Mehrheit der antragsberechtigten Körperschaften beschlossen ist und daß mindestens $^2/_3$ der Anwesenden dafür gestimmt haben. Daß $^2/_3$ der Mitglieder der betreffenden Körperschaft dafür gestimmt haben, ist also nicht erforderlich.

Zur Durchführung der Vorschriften des § 3 Ziffer 1—7 des Gesetzes bestimmt die ministerielle Ausführungsanweisung noch folgendes: „Zur Erleichterung der Prüfung, insbesondere auch hinsichtlich der unter Ziffer 6 a. a. O. enthaltenen Voraussetzungen, hat der Prüfung ein den Bestimmungen im § 17 der Reichsgewerbeordnung entsprechendes Publikationsverfahren voranzugehen. Darauf sind die Vorstände der Kirchengemeinden und der Synagogengemeinde, in deren Bezirk die Feuerbestattungsanlagen errichtet werden sollen, und, falls die Errichtung an der Grenze einer Kirchen- oder Synagogengemeinde beabsichtigt wird, auch die Vorstände der benachbarten Kirchen- oder Synagogengemeinden durch besonderes Schreiben hinzuweisen."

„Die etwa angebrachten Einwendungen gegen die Anlage sind objektiv zu prüfen, ohne daß den Anbringern, abgesehen von der Aufsichtsbeschwerde, ein Rechtsmittel gegen die getroffene Entscheidung erwächst."

„Hinsichtlich des zu erteilenden Bescheides ist gemäß der Vorschrift im letzten Satze des § 18 der Reichsgewerbeordnung zu verfahren."

Es hat hiernach ein Publikationsverfahren gemäß § 17 der Reichsgewerbeordnung stattzufinden. Die Bekanntmachung von der beabsichtigten Errichtung eines Krematoriums wäre einzurücken in das zuständige Regierungsamtsblatt, ferner in das amtliche Publikationsorgan der örtlich zuständigen Behörden, sie hätte ferner die Aufforderung zu enthalten, etwaige Einwendungen gegen die neue Anlage innerhalb 14 Tagen schriftlich oder mündlich anzubringen. Der endgültige Bescheid der Landespolizeibehörde hat diese Einwendungen mit zu erledigen, er ist mit Gründen zu versehen, falls er dahin lautet, daß die Genehmigung versagt oder nur unter Bedingungen erteilt werden solle. Einwendungen gegen die Feuerbestattungsanlage auf Grund privatrechtlicher Titel sind natürlich nicht bei der Polizeibehörde, sondern im ordentlichen Rechtswege geltend zu machen. Ein Rechtsmittel gegen den Bescheid der Landespolizeibehörde steht wohl demjenigen zu, der die Genehmigung zur Errichtung der Feuerbestattungsanlage nachsucht, nicht aber denen, die Einwendungen gegen die Anlage erheben. Weder das Gesetz noch die Ausführungsanweisung enthalten Bestimmungen, die die §§ 21 folg. Gew.O. hier für anwendbar erklären. Auch aus anderen Rechtsgrundsätzen folgt deren Anwendbarkeit nicht.

Die Genehmigung ist zurückzuziehen, wenn einer der im Abs. 1 Nr. 1 bis 4 aufgeführten Versagungsgründe nachträglich eintritt.

Die Genehmigung schließt in sich die landespolizeiliche Erklärung, daß bei der gegenwärtigen Beschaffenheit der Feuerbestattungsanlage denjenigen Erfordernissen genügt ist, die im Interesse der öffentlichen Ruhe, Sicherheit und Ordnung zu stellen sind. Sie kann natürlich nur dann zurückziehbar sein, wenn sich nachträglich herausstellt, daß diesen Erfordernissen doch nicht genügt ist. Absatz 2 des § 3 wird somit dahin auszulegen sein, daß die Genehmigung nur dann zurückgezogen werden kann, wenn einer der Versagungsgründe des § 3 Ziffer 1—4 nachträglich eintritt durch Veränderungen in der Beschaffenheit der Feuerbestattungsanlage, oder wenn sich nachträglich nach der Eröffnung herausstellt, die Ansicht der Polizei, es sei den Erfordernissen des § 3 Ziffer 1—4 genügt, irrig war. Eine Zurückziehung der Genehmigung könnte also z. B. noch nicht eintreten, wenn etwa ein neues System von Verbrennungsofen erfunden wird, das eine bessere Gewähr für die Wahrnehmung der polizeilichen Anforderungen bietet als das bisherige.

Besonderheiten können sich ergeben bei nachträglichem Eintreten eines Versagungsgrundes aus § 3 Ziffer 1 des Gesetzes. Ist derjenige, welcher für den Friedhof zu sorgen hat, derselbe wie der Unternehmer der Feuerbestattungsanlage, so ist die Lösung der Schwierigkeiten eine einfache, er hat eben dafür zu sorgen, daß dem § 3 Ziffer 1 des Gesetzes genügt ist. Anders ist es, wenn etwa die Feuerbestattungsanlage der politischen Gemeinde gehört, während die Pflicht für Kirchhöfe zu sorgen in dem betreffenden Landesteil der Kirche obliegt. Hier ist ein Klagerecht darauf, daß z. B. die Kirche ihrer Pflicht für Kirchhöfe zu sorgen genüge, nicht gegeben, denn diese Pflicht ist eine öffentlichrechtliche, keine privatrechtliche. Wohl aber wäre ein Anrufen der Aufsichtsbehörde der verpflichteten Korporation möglich. Diese wäre auch verpflichtet einzuschreiten. Liegt ferner die Sache so, daß schon g e g e n w ä r t i g die Erdbestattung nicht mehr stattfinden kann, etwa weil es an Kirchhofsgelände mangelt, so ist dies außerdem ein polizeiwidriger Zustand. Die Polizeibehörde kann daher hier eingreifen und durch polizeiliche Verfügung der verpflichteten Korporation aufgeben, für Kirchhofsterrain zu sorgen. Ist bereits eine Zurückziehung der Genehmigung auf Grund von § 3 Ziffer 1 des Gesetzes erfolgt und steht infolgedessen der Betrieb des Krematoriums still, weil die andere verpflichtete Korporation nicht für Kirchhöfe gesorgt hat, wie es ihr oblag, so ist ferner noch die Möglichkeit gegeben, gegen sie Schadensersatzklage auf Grund von § 823 BGB. zu erheben. Verletzt ist hier jedenfalls in rechtswidriger Weise das Recht, das Krematorium weiter zu betreiben.

Über das Verfahren bei der Zurückziehung der Genehmigung bestimmt die ministerielle Ausführungsanweisung (II 3 h): „Die Vorschrift im Abs. 2 des § 3 ist nicht etwa dahin auszulegen, daß die Zurückziehung der Genehmigung bei dem Vorhandensein von geringfügigen und leicht zu beseitigenden Mängeln der angegebenen Art ohne weiteres zu erfolgen hat. Es wird vielmehr, falls es sich nicht um schwerwiegende, die Fortsetzung des Betriebes bedenklich und für die Allgemeinheit gefährlich machende Mängel handelt, angebracht sein, zunächst eine Aufforderung zur Beseitigung der Mängel innerhalb einer festzusetzenden angemessenen Frist an die betreffende Körperschaft ergehen zu lassen und erst dann zur Zurückziehung der Genehmigung zu schreiten, wenn die festgesetzte Frist fruchtlos verstrichen und keine Aussicht vorhanden ist, daß der gestellten Anforderung Genüge geleistet werde. Selbstverständlich ist jedes schikanöse Vorgehen zu vermeiden."

Die Zurückziehung der Genehmigung ist ebenfalls eine polizeiliche Verfügung. Gegen sie sind also ebenfalls die Rechtsmittel der §§ 127 folg. des Landesverwaltungsgesetzes gegeben.

§ 4.

Die Benutzung der Anlage darf nur nach Maßgabe einer von der staatlichen Aufsichtsbehörde der Körperschaft genehmigten Gebrauchsordnung erfolgen. Die Gebrauchsordnung muß den Gebührentarif für die Benutzung der Einrichtungen enthalten; sofern jedoch hinsichtlich der Festsetzung der Gebühren für die Benutzung der von der Körperschaft im öffentlichen Interesse unterhaltenen Veranstaltungen besondere gesetzliche Vorschriften bestehen, bleiben diese unberührt. Die Gebühren sind so zu bemessen, daß sie die Kosten der Einrichtung einschließlich Verzinsung und Tilgung, der Erhaltung und Verwaltung der Anlage decken.

1. Die Landespolizeibehörde gestattet durch ihre Genehmigung lediglich die Feuerbestattungsanlage an sich. Die einzelnen Modalitäten des Betriebes kann erst eine zu erlassende Gebrauchsordnung regeln, Die Benutzung der Feuerbestattungsanlage kann daher nur erfolgen, wenn beides vorhanden ist: landespolizeiliche Genehmigung der Anlage und vorschriftsmäßige Gebrauchsordnung. Fehlt die letztere, so muß die Polizeibehörde den Betrieb des Krematoriums auf Grund von § 10 II 17 ALR. untersagen, auch wenn die Anlage landespolizeilich genehmigt war.

2. Der Erlaß der Gebrauchsordnung und des mit ihm verbundenen Gebührentarifes wird für politische Gemeinden durch Ortsstatut zu erfolgen haben. Vgl. §§ 4 und 7 des Kommunalabgabengesetzes. Es wäre also erforderlich, Zustimmung des Magistrats und der Stadtverordnetenversammlung bzw. Zustimmung des Gemeindevorstandes und der Gemeindevertretung. Für die Gemeindeverbände der §§ 128 folg. der Landgemeindeordnung für die östlichen Provinzen, der §§ 128 folg. der schleswigholsteinischen Landgemeindeordnung und der §§ 100 folg. der hessen-

nassauischen Landgemeindeordnung ist erforderlich Beschluß des Verbandsvorstehers und des Verbandsausschusses (§ 109 der hessen-nassauischen Landgemeindeordnung), für die rheinischen Landbürgermeistereien Zustimmung des Bürgermeisters und der Bürgermeistereiversammlung (§ 114 der rheinischen Landgemeindeordnung), für die westfälischen Ämter Zustimmung des Amtsvorstehers und der Amtsversammlung (westfälische Landgemeindeordnung § 76). Für die Zweckverbände des Gesetzes vom 19. Juli 1911 ist erforderlich Zustimmung des Verbandsvorstehers und des Verbandsausschusses. § 11 des Gesetzes vom 19. Juli 1911: Bei Kirchengemeinden erfordern die einzelnen Kirchengemeindeordnungen durchweg für den Erlaß eines Gebührentarifes Zustimmung von Gemeindekirchenrat und Gemeindevertretung. Vgl. für katholische Gemeinden: Gesetz vom 20. Juni 1875 § 2 Ziffer 9 und Gesetz vom 7. Juni 1876 § 2 Ziffer 7. Für evangelische Gemeinden in den sieben östlichen Provinzen vgl. Kirchengemeinde- und Synodalordnung vom 10. September 1873 § 31 Ziffer 7 und 11, § 46. Für die evangelischen Gemeinden Schleswig-Holsteins vgl. Kirchengemeinde- und Synodalordnung für Schleswig-Holstein vom 4. November 1876 § 52 Ziffer 7. Für Hannover vgl. Gesetz vom 6. Mai 1885 und Gesetz vom 6. August 1883 Art. 21 Ziffer 4. Für Hessen-Nassau vgl. Presbyterial- und Synodalordnung vom 16. Dezember 1885 § 22 Ziffer 7 und (für Nassau) Gesetz vom 4. Juli 1877 § 3 Ziffer 7, ferner Gesetz vom 11. März 1889 § 10. Für Westfalen und Rheinlande vgl. endlich: Kirchenordnung vom 5. März 1835 § 33 b. Kirchengemeindeordnung für Hohenzollern § 29 Ziffer 7.

3. Der § 4 des Feuerbestattungsgesetzes schreibt nun für die Gebrauchsordnung und Gebührentaxe Genehmigung der staatlichen Aufsichtsbehörde derjenigen Körperschaft vor, die Eigentümer der Feuerbestattungsanlage ist. Die Gebrauchsordnung mit Gebührentaxe muß somit genehmigt werden: a) bei Landgemeinden, bei den westfälischen Ämtern und bei den Bürgermeistereien der Rheinprovinz vom Landrat, § 24 des Zuständigkeitsgesetzes. b) Bei Stadtgemeinden vom Regierungspräsidenten, § 7 des Zuständigkeitsgesetzes. c) Bei den Gemeindeverbänden der Landgemeindeordnung für die östlichen Provinzen, der schleswig-holsteinischen und der hessen-nassauischen Landgemeindeordnung, falls zu den Verbänden nur Landgemeinden und Gutsbezirke gehören, der Landrat, sonst der Regierungspräsident. Landgemeindeordnung für die östlichen Provinzen § 139. Schleswig-Holsteinische Landgemeindeordnung § 139. Hessen-nassauische Landgemeindeordnung § 111. d) Bei der Stadt Berlin der Oberpräsident, § 7 Abs. 2 des Zuständigkeitsgesetzes. e) Für die Zweckverbände des allgemeinen Zweckverbandsgesetzes vom 19. Juli 1911 der Landrat, und falls bei ihnen Landkreise oder Stadtgemeinden beteiligt sind, der Regierungspräsident, § 22 dieses Gesetzes. f) Als staatliche Aufsichtsbehörde von Kirchengemeinden können verschiedene in Frage kommen;

maßgebend ist natürlich hier diejenige staatliche Aufsichtsbehörde, die die Einführung neuer Gebührentaxen und die Errichtung neuer Gemeindestatuten zu genehmigen hat. Dies ist der Regierungspräsident, für Berlin der Polizeipräsident. Vgl. für die katholischen Kirchengemeinden: Verordnung vom 27. September 1875, für die evangelischen Kirchengemeinden Art. 3 der Verordnung vom 9. September 1876 für die neun älteren Provinzen, Art. 3 der Verordnung vom 19. August 1878 für Schleswig-Holstein, Verordnung vom 25. Juli 1884 und vom 24. Juni 1885 für die Provinz Hannover, Verordnung vom 10. Januar 1887 und vom 19. August 1878, endlich Verordnung vom 13. Januar 1891 für die Provinz Hessen-Nassau.

4. § 4 des Feuerbestattungsgesetzes läßt die sonstigen Vorschriften für das Zustandekommen von Gebrauchsordnungen und Gebührentaxen unberührt. Soweit also hierfür noch andere Voraussetzungen nötig sind als die bisher erwähnten, insbesondere soweit dafür noch die Genehmigung anderer Behörden vorgeschrieben ist, bleibt dies bestehen. Es ist daher außerdem für Landgemeinden, westfälische Ämter und rheinische Landbürgermeistereien die Genehmigung des Kreisausschusses erforderlich, ebenso für Gemeindeverbände der östlichen, schleswig-holsteinischen und hessen-nassauischen Landgemeindeordnung, die nur aus Landgemeinden und Gutsbezirken bestehen. Für Stadtgemeinden und Gemeindeverbände, denen auch Stadtgemeinden angehören, ist die Genehmigung des Bezirksausschusses erforderlich. § 77 des Kommunalabgabengesetzes. Erlaß des Herrn Finanzministers vom 2. Januar 1895. Für katholische Kirchengemeinden ist neben der Zustimmung der staatlichen Aufsichtsbehörde Zustimmung der bischöflichen Aufsichtsbehörde erforderlich, für evangelische Kirchengemeinden Zustimmung des Konsistoriums. Verwaltungsordnung für das kirchliche Vermögen der östlichen Provinzen § 40. Verordnung vom 27. Juni 1845 § 1. Kirchengesetz vom 18. Juli 1892 Art. 1 Ziffer 4. Erlaß vom 28. Juni 1879 (für Schleswig-Holstein), Erlaß vom 10. September 1885 (für Hannover), Erlaß vom 5. Juli 1887 (für den Bezirk des Konsistoriums zu Cassel).

Änderungen in der Gebrauchsordnung oder in dem Gebührentarif bedürfen derselben Voraussetzungen wie der Erlaß neuer Gebührenordnungen.

5. *Erforderlicher Inhalt der Gebrauchsordnung.* Hierüber gibt das Gesetz nur an, die Gebrauchsordnung müsse einen Gebührentarif enthalten. Die ministerielle Ausführungsanweisung detailliert den erforderlichen Inhalt der Gebrauchsordnung näher. Sie bestimmt: „In die Gebrauchsordnung sind Vorschriften über die Beschaffenheit und den Inhalt der Särge, in denen die Leichen dem Verbrennungsofen zu übergeben sind, aufzunehmen. In dieser Hinsicht ist folgendes zu beachten: Die Leichen sind in dem Sarge einzuäschern, in dem sie zur Ver-

brennungsstätte gelangen. Die Särge müssen aus dünnem weichen Holz oder aus Zinkblech gefertigt und dürfen weder ausgepicht noch angestrichen noch lackiert sein, auch keine Eisen- oder Bronzeteile, weder zur Verbindung noch zur Verzierung, enthalten; ihre Größe und Stärke ist den Verbrennungseinrichtungen entsprechend mit einem Höchstmaß vorzuschreiben. Die Fugen sind mit Schellak, Leim oder ähnlichen Stoffen oder mit Kitt zu schließen. Die Leichen in den Särgen dürfen nur auf Säge- oder Hobelspänne oder auf Holzwolle gebettet und nur mit naturfarbenen Leinen- oder Baumwollstoffen bekleidet sein. Etwa in den Sarg hineinzulegende Kissen dürfen weder Polster noch Federn oder Watte enthalten und sind mit den gleichen Stoffen zu beziehen, mit denen die Leiche bekleidet werden darf".

„Die Kontrolle hinsichtlich der Beschaffenheit und des Inhalts der Särge erfolgt nicht in der Einäscherungsanlage, sondern muß dort bewirkt werden, wo die Einsargung stattfindet."

„Sie ist entweder durch den zuständigen beamteten Arzt (vgl. Nr. 8 dieser Anweisung) oder durch einen amtlich bestellten Leichenbeschauer vorzunehmen, welcher eine amtliche Bescheinigung darüber auszustellen hat, daß die Einsargung den Vorschriften der Gebrauchsordnung entsprechend erfolgt ist. Diese Bescheinigung, zu der das in der Anlage 1 angegebene Formular zu verwenden ist, muß der Ortspolizeibehörde des Verbrennungsorts zur Kenntnisnahme und Abstempelung vorgelegt und der Verwaltung der Feuerbestattungsanlage eingereicht werden."

„In der Gebrauchsordnung ist ferner vorzuschreiben, daß in jeder Einäscherungskammer jeweilig nur e i n e Leiche eingeäschert werden darf, ferner daß am Sarge vor dessen Einbringung in den Verbrennungsofen ein durch die Ofenhitze nicht zerstörbares Schild aus genügend starkem feuerfesten Ton anzubringen ist, auf welchem die Nummer des Einäscherungsregisters, unter der die Einäscherung erfolgt, deutlich eingeschlagen sein muß."

„Die Gebühren für die Benutzung der Anlagen, welche in einem der Genehmigung der staatlichen Aufsichtsbehörde unterliegenden Tarif zusammenzustellen sind, stellen sich als Benutzungsgebühren im Sinne des § 4 des Kommunalabgabengesetzes vom 14. Juli 1893 dar, hinsichtlich deren Bemessung die daselbst gegebenen Bestimmungen nicht nur für Gemeinden und Gemeindeverbände ausdrücklich aufrechterhalten, sondern auch im letzten Satze des § 4 des Gesetzes als maßgebend für die übrigen bezüglich der Feuerbestattung in Frage kommenden Körperschaften ausdrücklich vorgeschrieben werden, und zwar allgemein — also auch für Gemeinden und Gemeindeverbände — mit der Maßgabe, daß das, was im Kommunalabgabengesetze als Regel vorgeschrieben ist, für die Feuerbestattungsanlagen ausnahmslos, und zwar auch dann Platz greifen soll, wenn etwa für eine Abweichung besondere Gründe vorliegen sollten (vgl.

Ausführungsanweisung zum Kreiskommunalabgabengesetz Art. 5). Hierbei ist zu bemerken, daß, wenn auch die Fassung in dem gedachten Satze des Gesetzes der des § 4 des Kommunalabgabengesetzes nicht vollständig konform ist, doch nach den bei den Beratungen im Landtage gepflogenen Verhandlungen kein Zweifel darüber bestehen kann, daß das daselbst gewählte Wort „Einrichtung" nichts anderes bedeutet als „Veranstaltung", daß somit die Gebühren nicht nur die Verwaltungs- und Unterhaltungskosten der Anlagen, sondern auch die Kosten decken sollen, die für die Verzinsung und Tilgung des Anlagekapitals aufzuwenden sind."

„Die Aufsichtsbehörde hat ihr besonderes Augenmerk darauf zu richten, daß die Bemessung der Gebühren in einem dem Sinne dieser Vorschrift entsprechenden angemessenen Verhältnis zu den Gesamtkosten der Anlage erfolgt."

„Selbstverständlich kann dies zunächst nur auf dem Wege einer nach verständigem Ermessen zu bewirkenden Schätzung geschehen, da der Umfang der Benutzung der Anlage besonders in der ersten Zeit ihres Bestehens im voraus nicht übersehen werden kann, eine nachträgliche Heranziehung der Benutzer zur Deckung eines etwaigen Ausfalls aber naturgemäß ausgeschlossen ist. Dagegen ist je nach dem Ergebnis der gemachten Erfahrungen auf eine entsprechenden Revision des Gebührentarifs hinzuwirken, wobei auch, dem Zwecke des Gesetzes entsprechend, mit ins Auge zu fassen sein wird, daß durch zu niedrige Gebührenbemessung nicht ein indirekter Anreiz geschaffen werde, die Feuerbestattung der Erdbestattung vorzuziehen. Es wird deshalb bei der Feststellung oder Revision der Tarife darauf Bedacht zu nehmen sein, daß die Kosten der Feuerbestattung nicht unter die der Erdbestattung herabsinken. Soweit es hierbei auf eine Vergleichung mit kirchlichen Gebührensätzen ankommt, wird eine Anhörung der zuständigen Kirchenbehörde von Wert sein."

„In der Gebrauchsordnung ist endlich auch die Führung eines Registers durch die Anstaltsverwaltung vorzuschreiben, in welchem außer der laufenden Nummer Angaben über Vor- und Zunamen, Stand, Geburtstag und Geburtsort, Todestag und Todesort, sowie den letzten Wohnort des Verstorbenen, die Todesursache, der Tag der Verbrennung und die Nummer des Sarges (s. Nr. 4 dieser Anweisung) sowie der Verbleib des Aschenbehälters enthalten sein müssen. Dieses Register muß mit dem von der Ortspolizeibehörde zu führenden (s. Nr. 10 dieser Anweisung) übereinstimmen."

Anlage 1.

Bescheinigung über die vorschriftsmäßige Einsargung.

Die Leiche d... am .... 19... zu................. verstorbenen .... (Stand) .... (Vorname) .... (Zuname), geboren den .... 1.... zu...............

Kreis ...., Regierungsbezirk ....; ist heute .... mittag ..... Uhr in meiner Gegenwart eingesargt worden.

Die Leiche war bekleidet mit einem Leichenhemd aus ....(Farbe) .... (Stoff) und lag auf einem mit .... gestopften Kopfkissen aus .... (Farbe) .... (Stoff), einem Laken aus .... (Farbe) .... (Stoff) und war zugedeckt mit einer Decke aus .... (Farbe) .... (Stoff).

Der Sarg bestand aus ....holz oder ..... mm starkem Zinkblech, war weder lackiert noch gestrichen, hatte keine Beschläge oder Verzierungen aus Metall und war ..... cm lang, ... cm breit und ..... cm hoch.

Der Sargboden war bedeckt mit einer ..... cm hohen Schicht von Sägespänen, Hobelspänen, Holzwolle. (Das Nichtzutreffende ist zu durchstreichen.)

Der Sarg ist in meiner Gegenwart geschlossen und von mir mit einer Plombe, die folgendes Zeichen trägt ...., versehen worden.

............, den .... 19....

Der amtlich bestellte Leichenschauer.

....

(Diese Bescheinigung kann auch von einem Arzte ausgestellt werden.)

Über weitere Bestimmungen, die in der Gebrauchsordnung zu erlassen sind, vgl. Note 2 zu § 6.

Die Bescheinigung über die vorschriftsmäßige Einsargung ist, da sie nur von einem öffentlichen Beamten ausgestellt werden kann, eine öffentliche Urkunde und genießt den Rechtsschutz einer solchen. Unbefugtes Abnehmen der Plombe ist nach § 136 StGB. strafbar. Das vorgeschriebene Einäscherungsregister ist ebenfalls ein öffentliches Register. Für die korrekte Führung desselben ist die Verwaltung der Feuerbestattungsanlage, die behördlichen Charakter haben muß, verantwortlich. Bei unordentlicher Führung kann die Aufsichtsbehörde einschreiten oder aber die Polizei im Interesse der öffentlichen Ordnung. Vorsätzlich falsche Eintragungen sind nach § 271 StGB. strafbar.

6. Für den zu erlassenden Gebührentarif gelten, soweit nicht § 4 des Gesetzes Sonderbestimmungen enthält, die Bestimmungen der §§ 4 folg. des Kommunalabgabengesetzes. Die Gebühren müssen also im voraus nach festen Sätzen bestimmt sein, sie dürfen keine absolut ungeeigneten oder willkürlichen sein. Letzteres Moment kann eventuell auch noch der Richter im Verwaltungsstreitverfahren nachprüfen. Dagegen unterliegt der Nachprüfung im Verwaltungsstreitverfahren nicht die Zweckmäßigkeit und Angemessenheit der Gebührensätze. Unerheblich ist auch, ob die Gebührensätze über das hinausgehen, was durch die Gebühr zu decken ist. Vgl. Noell, Kommunalabgabengesetz § 4 Note 15 und 16. Preußisches

Verwaltungsblatt Bd. 27 S. 538. Entscheidungen des Oberverwaltungsgerichts Bd. 30 S. 97, Bd. 31 S. 61, Bd. 52 S. 302. Die Befugnis der Aufsichtsbehörde geht natürlich weiter, sie hat auch die Angemessenheit und Zweckmäßigkeit der Gebührensätze nachzuprüfen, wobei die Bestimmungen der Ausführungsanweisung von ihr zu beachten sind. Eine ihr notwendig erscheinende Änderung des Tarifes kann die staatliche Aufsichtsbehörde eventuell erzwingen mit den Mitteln des § 132 des Landesverwaltungsgesetzes, auch kann sie gegen die widerspenstigen Beamten auf Grund der §§ 18 folg. des Disziplinargesetzes vom 21. Juli 1852 disziplinarisch vorgehen. Gegen die Anordnungen der Aufsichtsbehörden findet innerhalb zwei Wochen die Beschwerde an die nächstvorgesetzte Behörde statt. Zuständigkeitsgesetz §§ 7, 24.

7. Die Beamten der Feuerbestattungsanlage haben für die Durchführung der Gebrauchsordnung und des Gebührentarifes zu sorgen. Sie sind für die Durchführung eventuell disziplinarisch verantwortlich, können ferner auch für Schaden, der aus der Nichtbeachtung dieser Vorschriften entstanden ist, zivilrechtlich haftbar gemacht werden. Die Gebühren können im Verwaltungszwangsverfahren beigetrieben werden. § 90 des Kommunalabgabengesetzes. Streitigkeiten mit dem Publikum über den Inhalt der Gebrauchsordnung oder des Gebührentarifes sind im Verwaltungsstreitverfahren zu entscheiden.

§ 5.

Der Genehmigung der staatlichen Aufsichtsbehörde bedarf es, wenn das Grundstück, auf welchem die Anlage errichtet ist, ganz oder teilweise zu einem anderen Zwecke verwendet werden soll.

1. § 5 soll die bestimmungsmäßige Verwendung des Grundstücks sichern, es wird daher für die Verwendung zu anderen Zwecken Genehmigung der staatlichen Aufsichtsbehörde verlangt. Eine „Verwendung zu anderen Zwecken" liegt vor, wenn es sich um solche Zwecke handelt, die zu den bisherigen in Widerspruch stehen und mit der Leichenverbrennung und Beisetzung der Aschenreste nichts zu tun haben. Verwendung einer in schlechten Zustand befindlichen alten Urnenhalle, die leer steht, zum Aufbewahrungsraum für Gartengerätschaften, mit denen der Urnenhain in Ordnung gehalten wird, fällt noch nicht darunter, wohl aber Vermietung derselben als Lagerspeicher. Ebenso liegt noch nicht eine teilweise Verwendung zu einem anderen Zwecke vor, wenn etwa in dem Urnenhain verwahrloste Grabanlagen aus älterer Zeit eingeebnet werden und darauf Rasen angesamt wird oder Bäume gepflanzt werden, auch dann nicht, wenn etwa die Grasnutzung verpachtet wird. Eine derartige Maßregel, die auch bei Kirchhöfen sehr üblich ist, hat doch nur den Zweck, ein unschönes verwahrlostes Aussehen eines Teiles des Friedhofes zu verhüten, sie steht

mit dem Wesen desselben nicht in Widerspruch, also auch nicht mit dem Wesen des Urnenhaines. Anders wäre es natürlich, wenn zum Beispiel auf dem eingeebneten Teile Feld- oder Gartenfrüchte angebaut würden.

Falls Genehmigung notwendig ist, ist nach der ministeriellen Ausführungsanweisung Voraussetzung der Genehmigung auch, daß für die anderweitige ordnungsmäßige Unterbringung der vorhandenen Aschenbehälter in ausreichender Weise gesorgt ist.

2. Staatliche Aufsichtsbehörde ist auch hier für Landgemeinden, für die westfälischen Ämter und die rheinischen Landbürgermeistereien der Landrat, ebenso für die Gesamtgemeinden der östlichen, schleswig-holsteinischen und hessen-nassauischen Landgemeindeordnung und für die Zweckverbände des Gesetzes vom 19. Juli 1911. Für die Stadtgemeinden sowie für die erwähnten Gesamtgemeinden, wenn zu ihnen auch Städte gehören und für die Zweckverbände des Gesetzes vom 19. Juli 1911, wenn bei ihnen Städte oder Landkreise beteiligt sind, ist die in Betracht kommende Aufsichtsbehörde der Regierungspräsident, für Berlin der Oberpräsident. Bei den Kirchengemeinden ist hier diejenige staatliche Aufsichtsbehörde die zuständige, die die Rechte des Staates wahrzunehmen hat bei der veränderten Benutzung von Begräbnisplätzen oder bei der Verwendung von kirchlichen Vermögen zu anderen als den bestimmungsgemäßen Zwecken. Dies ist der Regierungspräsident, für Berlin der Polizeipräsident. Vgl. für katholische Kirchengemeinden Verordnung vom 27. September 1875, für evangelische Kirchengemeinden in den neun älteren Provinzen Verordnung vom 9. September 1876 Art. 3, für evangelische Gemeinden in Schleswig-Holstein Verordnung vom 19. August 1878, für Hannover Verordnung vom 25. Juli 1884 und vom 24. Juni 1885, endlich für Hessen-Nassau Verordnung vom 10. Januar 1887, vom 19. August 1878 und vom 13. Januar 1891.

Gegen die Versagung der Genehmigung ist als Rechtsmittel nur Beschwerde an die nächstvorgesetzte Behörde innerhalb zweier Wochen gegeben. Klage im Verwaltungsstreitverfahren ist unzulässig.

3. Eine Verwendung des Grundstücks zu anderen Zwecken ohne Genehmigung der staatlichen Aufsichtsbehörde kann die Landespolizeibehörde in Interesse der öffentlichen Ordnung durch polizeiliche Verfügung inhibieren.

4. Soweit die Gesetze für die Zulässigkeit einer Verwendung des Grundstücks, auf dem sich die Feuerbestattungsanlage befindet, zu anderen Zwecken noch andere Erfordernisse aufstellen, bleiben diese Bestimmungen unberührt. Demnach wäre zu einer gänzlichen oder teilweisen Benutzung des Grundstücks zu anderen Zwecken bei politischen Gemeinden Zustimmung der Gemeindevertretung bzw. der Stadtverordnetenversammlung erforderlich, bei Gemeindeverbänden Zustimmung der Verbandsvertretung. Bei Kirchengemeinden ist Zustimmung der Gemeindevertretung ebenfalls

geboten. Außerdem ist bei katholischen Kirchengemeinden Zustimmung der bischöflichen Aufsichtsbehörde, bei evangelischen Kirchengemeinden Zustimmung des Konsistoriums (Verwaltungsordnung für die östlichen Provinzen § 30. Erlaß vom 5. Juli 1887 für den Bezirk des Konsistoriums in Cassel), in Schleswig-Holstein Genehmigung des Probstei-Synodalausschusses erforderlich. Dazu bleibt die Befugnis der Landespolizeibehörde, im Interesse der Aufrechterhaltung der öffentlichen Ordnung die Verwendung des Grundstücks zu anderen Zwecken zu verhindern, unberührt.

§ 6.

Die Aschenreste von verbrannten Leichen müssen in einem für jede Leiche besonderen, behördlich verschlossenen Behältnis entweder in der Urnenhalle (Urnengrab) (§ 3 Nr. 4) oder in einer anderen behördlich genehmigten Bestattungsanlage beigesetzt werden.

1. Dieser Paragraph führt für die Aschenüberreste den Beisetzungszwang ein. Es soll damit verhindert werden, daß über die Aschenüberreste in einer Weise verfügt wird, die dem Empfinden der Pietät widerspricht und geeignet ist, dieselben der Nachprüfung im Interesse der Strafrechtspflege zu entziehen. (Vgl. die Ausführungsanweisung.) Beisetzen ist nicht jedes Aufstellen oder Aufbewahren, sondern nur ein solches, das den allgemein landläufigen Begriffen von stattgehabter Bestattung entspricht. Keine Beisetzung ist das Aufbewahren der Aschenüberreste im Zimmer oder in anderen Räumen, die nach den allgemeinen Volkssitten als zur Aufbewahrung Toter geeignet nicht angesehen werden. Ebensowenig ist eine Beisetzung das Versenken der Aschenüberreste ins Wasser oder das Verstreuen in die Luft. Auch bei außerhalb Preußens eingeäscherten Leichen muß § 6 beachtet werden, wenn die Aschenüberreste nach Preußen verbracht werden. Bisher war im Gegensatz dazu die Aufbewahrung von Aschenresten im Zimmer erlaubt. Entscheidung des Oberverwaltungsgerichts vom 15. Februar 1898. Deutsche Juristenzeitung 1898 S. 350.

Eine Verletzung der Vorschriften des § 6 ist nach § 11 des Gesetzes strafbar. Außerdem kann durch polizeiliche Verfügung dagegen eingeschritten werden, denn ein Aufbewahren von Aschenüberresten in unerlaubter Weise ist ein polizeiwidriger Zustand. Auch ein späteres Herausnehmen oder Vernichten des Aschenbehälters oder seines Inhalts ist strafbar, zwar nicht als Sachbeschädigung, denn der Aschenbehälter steht nicht in fremdem Eigentum, wohl aber als Vergehen gegen § 133 StGB. Der Aschenbehälter, welcher beigesetzt ist, befindet sich zur amtlichen Aufbewahrung an einem dazu bestimmten Orte.

Die Ausführungsanweisung bestimmt noch, um eine Nichtbefolgung des Beisetzungszwanges möglichst zu erschweren, daß die Aushändigung der Aschenreste an die Angehörigen auch nur zum Zwecke der ordnungsmäßigen Beisetzung an einem behördlich genehmigten Bestattungsorte gestattet werden könne. Hierüber sei ein glaubhafter Nachweis zu erbringen. Gegebenenfalls habe die Versendung durch die Verwaltung der Feuerbestattungsanlage an die Verwaltung der betreffenden Bestattungsanlage direkt zu erfolgen.

Was ein glaubhafter Nachweis ist, das zu beurteilen ist Sache der Verwaltung der Feuerbestattungsanlage. Versendet sie den Aschenbehälter an eine andere Bestattungsanlage, so muß die letztere die Aschenreste bei sich entweder beisetzen lassen oder aber zurücksenden. Ein Herumstehenlassen oder Verwerfen ist durch § 6 des Gesetzes verboten. Die Versendungskosten sind von dem Bestattungspflichtigen zu ersetzen. Sie sind aber nicht Gebühren im Rechtssinne, sondern Auslagen. Beitreibung im Verwaltungszwangsverfahren ist also unzulässig. Alles dieses greift natürlich nur Platz bei Versendung an preußische Bestattungsanlagen.

2. Beisetzung hat zu geschehen in einem für jede Leiche besonderem, behördlich verschlossenen Behältnis. Über die Durchführung dieser Vorschrift bestimmt die ministerielle Ausführungsanweisung folgendes:

„Mit der weiteren Vorschrift, daß die Aschenreste in einem für jede Leiche besonderen, behördlich verschlossenen Behältnis beigesetzt werden sollen, wird der doppelte Zweck verfolgt:

a) um hinsichtlich ihrer Identität eine dauernde Gewißheit zu haben und
b) um zu verhindern, daß mit den Aschenresten irgend eine Veränderung vorgenommen wird, die es nicht mehr ermöglicht, einem etwa an dem betreffenden Verstorbenen begangenen Verbrechen auf die Spur zu kommen."

„Diesem Zwecke werden noch die nachstehenden, in der Gebrauchsordnung vorzuschreibenden Vorsichtsmaßregeln zu dienen haben:

a) Die Aschenreste sind nach den Nummern, die gemäß der Vorschrift zu § 3 Ziffer 2 des Gesetzes (Nr. 4 dieser Anweisung) den in den Verbrennungsofen zu bringenden Särgen auf einem Tonschild anzuheften sind, streng getrennt zu halten, nachdem sie unter Anwendung von nur für diesen Zweck bestimmten und zu verwendenden Geräten sorgfältig aus dem Ofen entfernt worden sind.
b) Unmittelbar nach der Abkühlung sind die Aschenreste mit dem Tonschild in einem hinreichend großen, widerstandsfähigen, luft- und wasserdichten Metallbehälter zu sammeln.
c) Der Deckel des Behälters, der auch mit einem Schraubengewinde versehen sein kann, muß in den unteren Teil dicht schließend eingreifen. Die Trennfuge ist nach Schließung des Deckels zu verlöten. Der Deckel ist mit einem vor der Benutzung sicher aufzu-

lötenden haltbaren Kupferschild zu versehen, auf welchem in deutlicher vertiefter Schrift — durch Einschlagen — nachstehende Angaben anzubringen sind: die mit dem Einäscherungsregister und dem Tonschild in der Asche übereinstimmende Einäscherungsnummer, Vor- und Zunamen, sowie Stand des Verstorbenen, Ort, Tag und Jahr seiner Geburt, Ort, Tag und Jahr seines Todes und Tag der Einäscherung."

Die Schließung muß erfolgen durch die Verwaltung der Feuerbestattungsanlage, die nach der ministeriellen Ausführungsanweisung behördlichen Charakter haben soll. (Vgl. Note 5 zu § 4.) Späteres unbefugtes Öffnen des Aschenbehälters ist, wenn dabei zugleich die Asche entfernt wird, nach § 133 StGB. strafbar, sonst nach gegenwärtigem Recht nicht strafbar. Vergehen gegen § 304 StGB. liegt nicht vor, denn der Aschenbehälter ist kein Grabmal. § 168 StGB. kommt ebensowenig in Betracht, da der Aschenbehälter kein Grab ist. Ebensowenig kann nach § 136 StGB. eine Strafbarkeit eintreten, da bei der Eröffnung ein amtliches Siegel nicht verletzt wird.

3. Die Beisetzung hat zu geschehen in der Urnenhalle oder in einer anderen behördlich genehmigten Bestattungsanlage. Privatbestattungsanlagen sind somit nicht unzulässig, sofern sie nur behördlich genehmigt sind. Der Grundsatz des rheinischen Rechts: „Toute personne pourra être enterré sur sa propriété" (Dekret vom 23. Prairial XII Art. 14) erleidet hier also eine Einschränkung. Die Verpflichtungen der bisher bestehenden Friedhöfe, Aschenüberreste bei sich aufzunehmen regeln sich nach den bisherigen Gesetzen. Das Feuerbestattungsgesetz ändert daran nichts. Inwieweit nach bisherigem Recht eine Verpflichtung zur Aufnahme von Aschenurnen bestand, ist in dem Abschnitt „Kirche und Feuerbestattung" erläutert worden.

Ist keine andere Verwaltung einer Bestattungsanlage bereit oder verpflichtet, die Aschenüberreste bei sich aufzunehmen, so hat dies die Verwaltung des Krematoriums zu tun, in dem die Einäscherung erfolgt ist. Allerdings sagt das Gesetz dies ausdrücklich nicht. Es folgt dies aber aus seinem ganzen Inhalt. § 6 führt den Beisetzungszwang ein, die Nichtbeisetzung wäre also ein polizeiwidriger Zustand. An der Frage, ob die bisher bestehenden Bestattungsanlagen zur Aufnahme von Aschenurnen rechtlich verpflichtet sind, ändert das Gesetz nichts. Da nun zur Erfüllung der in § 6 des Gesetzes ausgesprochenen Beisetzungsverpflichtung die Möglichkeit vorhanden sein muß, die Aschenurnen auch irgendwo in einer behördlich genehmigten Bestattungsanlage unterbringen zu können, so ergibt sich die Folgerung, daß im Notfalle die Verwaltung des Krematoriums verpflichtet ist, die Aschenurnen zwecks Beisetzung bei sich aufzunehmen. Offensichtlich war dies auch der Wille des Gesetzgebers, da er vorgeschrieben hat, daß bei den Feuerbestattungsanlagen Räume zur Beisetzung der Aschenüberreste vorhanden sein müßten. Die Pflicht, derartige Einrichtungen zu treffen, wäre sinnlos, wenn die Krematorien nicht auch auf Verlangen die Aschenüberreste bei sich aufzunehmen hätten. Der gleichen Ansicht, daß eventuell eine Pflicht zur Aufnahme vorliege, auch die ministerielle Ausführungsanweisung unter II 6 Abs. 2. In welchem Teil der Anlage die Beisetzung erfolgt, ist in Ermangelung anderweiter Abmachungen im allgemeinen Sache der Verwaltung des Krematoriums. Eine Beisetzung in einer Weise, die den Toten beschimpft, ist auf keinen Fall erlaubt. Was als beschimpfend anzusehen ist, wird allerdings meist sich nur von Fall zu Fall entscheiden lassen.

§ 7.

Zur Vornahme der Feuerbestattung ist in jedem Falle mindestens 24 Stunden vorher die Genehmigung der Ortspolizeibehörde des Verbrennungsorts einzuholen.

Antragsberechtigt ist jeder Bestattungspflichtige.

Die Genehmigung ist schriftlich zu erteilen; sie muß versagt werden, wenn nicht beigebracht sind:

1. die amtliche Sterbeurkunde;
2. die amtsärztliche Bescheinigung über die Todesursache (§ 8);
3. der Nachweis, daß der Verstorbene die Feuerbestattung seiner Leiche angeordnet hat (§ 9);
4. die Bescheinigung der Ortspolizeibehörde des Sterbeorts oder des letzten Wohnorts des Verstorbenen, daß keine Bedenken gegen die Feuerbestattung bestehen, daß insbesondere ein Verdacht, der Tod sei durch eine strafbare Handlung herbeigeführt worden, nicht vorliegt.

1. Ortspolizeibehörde ist in Städten, soweit nicht eine Königliche Polizei daselbst eingesetzt worden ist, der Bürgermeister. § 62 der Städteordnung für die östlichen Provinzen, § 62 der westfälischen Städteordnung, § 65 der schleswig-holsteinischen Städteordnung. § 57 der Städteordnung für die Rheinprovinz, § 67 der Städteordnung für Hessen-Nassau, § 71 der hohenzollernschen Gemeindeordnung. In der Provinz Hannover bildet abweichend hiervon der Magistrat, ein Magistratsmitglied oder eine besondere städtische Polizeidirektion die Ortspolizeibehörde. Hannöversche Städteordnung §§ 71, 78. In den Landgemeinden und Gutsbezirken bildet die Ortspolizeibehörde in Ostpreußen, Westpreußen, Brandenburg, Pommern, Schlesien, Sachsen und Schleswig-Holstein der Amtsvorsteher

(§ 59 der Kreisordnung vom $\frac{\text{13. Dezember 1872}}{\text{19. März 1881}}$, § 51 der schleswig-holsteinischen Kreisordnung), in der Provinz Posen der Distriktskommissar (Kabinettsordre vom 10. Dezember 1836), in Westfalen der Amtmann (§ 74 der westfälischen Landgemeindeordnung, § 29 der westfälischen Kreisordnung), in Hannover der Landrat mit der Maßgabe, daß die Zuständigkeit der Kirchspielgerichte im Kreise Hadeln unberührt bleibt (hannoversche Kreisordnung §§ 24, 25, 29), in Hessen-Nassau und der Rheinprovinz mit Hohenzollern der Bürgermeister der Gemeinde bzw. des Bürgermeistereibezirkes. (Kreisordnung für Hessen-Nassau §§ 27, 28. Rheinländische Gemeindeordnung § 108. Rheinländische Kreisordnung § 28. Gemeindeordnung für Hohenzollern § 71.)

Die Genehmigung ist 24 Stunden vor dem beabsichtigten Beginn des Verbrennungsaktes einzuholen. Sie ist stempelfrei. Gegen die Versagung der Genehmigung ist nur das in § 10 des Gesetzes angeführte Rechtsmittel zulässig. Klage im Verwaltungsstreitverfahren kann nicht erhoben werden.

2. Bestattungspflichtig ist derjenige, dem die Pflicht obliegt, für die Wegschaffung und Beisetzung der Leiche Sorge zu tragen. Diese Pflicht ist öffentlichen Rechts, sie ist bestimmt durch die Erwägung, daß ein Unbestattetbleiben der Leiche der öffentlichen Ordnung widerspricht. Allgemein ist jeder Staatsbürger verpflichtet, einen polizeiwidrigen Zustand nicht bestehen zu lassen. Er läßt aber einen solchen Zustand bestehen, wenn er eine Leiche in seinem Gewahrsam hat und diese nicht beisetzt. Umgekehrt, wenn er sich der Leiche entäußert, so versetzt er eine andere Räumlichkeit, eventuell öffentliche Straßen oder Plätze, in einen polizeiwidrigen Zustand. Hierzu ist ebenfalls niemand befugt. Aus diesen Erwägungen folgt, daß in der Regel derjenige als bestattungspflichtig anzusehen ist, in dessen Gewahrsam sich die Leiche befindet, eventuell derjenige, der sich des Gewahrsames unbefugt entäußert hat. Meist werden dies die Angehörigen des Verstorbenen sein. Liegt bei dem Verstorbenen Hilfsbedürftigkeit im armenrechtlichen Sinne vor, so ist der Armenverband des Sterbeortes bestattungspflichtig. § 1 des preußischen Gesetzes vom 8. März 1871. Befindet sich die Leiche in niemandes Gewahrsam, so ist bestattungspflichtig die Ortspolizeibehörde. Diese Pflicht der Öffentlichkeit gegenüber läßt natürlich die Ersatzansprüche gegen die Erben (vgl. § 1968 BGB.) oder die sonst zur Tragung der Bestattungskosten verpflichteten Personen auf Erstattung dieser Kosten unberührt.

Werden nun die Erben, in deren Gewahrsam sich die Leiche nicht befindet, oder aber andere Anverwandte, denen testamentarisch die Pflicht für die Bestattung zu sorgen auferlegt ist, wenigstens berechtigt sein, gemäß § 7 Abs. 2 des Gesetzes einen Antrag auf Genehmigung der Feuerbestattung zu stellen? Für die Letzteren wird diese Frage schon deshalb zu bejahen sein, weil das Gesetz keinen Unterschied macht zwischen denen, die an sich der Öffentlichkeit gegenüber verpflichtet sind für die Bestattung zu sorgen, und denen, welchen diese Pflicht testamentarisch auferlegt ist. Aber auch die Erben, welche nicht Gewahrsam an der Leiche haben, wird man als berechtigt ansehen müssen. Wenn der § 1968 BGB. ihnen die Pflicht zum Ersatz der Beerdigungskosten des Erblassers auferlegt, so tut er dies offensichtlich deshalb, weil er die Vornahme der Bestattung durch einen anderen als notwendige Führung der Geschäfte der Erben ansieht. Ist aber die Vornahme der Bestattung ein Geschäft des Erben, so wird man ihm auch das Recht zugestehen müssen, gemäß § 7 des Gesetzes einen Antrag auf Genehmigung der Feuerbestattung zu stellen.

3. Von den Voraussetzungen der polizeilichen Genehmigung der Feuerbestattung ist die amtsärztliche Bescheinigung über die Todesursache in § 8 näher behandelt. Auszustellen ist dieselbe von dem Amtsarzt desjenigen Bezirkes, in dem sich zur Zeit des Erforderns der Bescheinigung die Leiche befindet. Ausführungsanweisung II 7 c. Das Erfordernis eines Nachweises, daß der Verstorbene die Feuerbestattung seiner Leiche angeordnet hat, ist in § 9 näher besprochen. Zu Nr. 4 des § 7 Absatz 3 ist zu bemerken: Bedenken der Ortspolizeibehörde gegen die Feuerbestattung können nicht nur dann bestehen, wenn ein Verdacht vorhanden ist, der Tod sei durch eine strafbare Handlung herbeigeführt worden, sondern in allen Fällen, wo Anhaltspunkte dafür vorhanden sind, daß jemand eines nicht natürlichen Todes verstorben ist. Vgl. StPO. § 157. Eines nicht natürlichen Todes ist jemand dann verstorben, wenn der Tod durch eine strafbare Handlung, einen Selbstmord oder Unfall herbeigeführt worden ist. Zeitweise polizeiliche Bedenken gegen die Feuerbestattung könnten bestehen, wenn im sanitätspolizeilichen Interesse zunächst Öffnung der Leiche erfolgen muß, um festzustellen, ob der Verstorbene an einer übertragbaren Krankheit verstorben ist, zu deren Bekämpfung die Sanitätspolizei besondere Maßregeln ergreifen muß. Auch andere Fälle, wo polizeiliche Bedenken erhoben werden können, sind wenigstens denkbar. Polizeiliche Bedenken können aber immer nur dann erhoben werden, wenn sie wirklich ihre Ursache haben im Interesse der Aufrechterhaltung der öffentlichen Ruhe, Sicherheit und Ordnung, nie aus anderen Gründen. Sind die polizeilichen Bedenken behoben, so hat die Ortspolizeibehörde unverzüglich die Bescheinigung gemäß § 7 Abs. 3 Ziffer 4 des Gesetzes auszustellen. Als behoben werden die Bedenken bei Seuchenverdacht dann anzusehen sein, wenn die Todesursache unzweifelhaft feststeht. Bestand der Verdacht, daß der Verstorbene eines nicht natürlichen Todes verstorben sei, so werden die polizeilichen Bedenken dann als behoben anzusehen sein, wenn gemäß § 157 Abs. 2 StPO. der Beerdigungsschein erteilt ist. Hiervon ist jedoch ausgenommen der Fall, wo nach wie vor

auch nur ein Verdacht vorliegt, daß der Tod durch eine strafbare Handlung verursacht worden sei Für Tote, bei denen ein solcher Verdacht vorliegt, kann eine Bescheinigung, wie sie § 7 Abs. 3 Ziffer 4 genau verlangt, nicht ausgestellt werden. Eine solche Bescheinigung ist aber unerläßliche Voraussetzung für die polizeiliche Genehmigung der Feuerbestattung. Auch der Transport der Leichen, bei denen ein solcher Verdacht vorliegt, auf außerpreußisches Gebiet, um sie dort der Feuerbestattung zuzuführen, ist unausführbar. Eine solche Maßregel ist nur möglich, wenn ein amtlicher Leichenpaß ausgestellt ist. § 44 der Eisenbahnverkehrsordnung. Ein solcher Paß darf aber nicht ausgestellt werden, falls eine Bescheinigung gemäß § 7 Abs. 3 Ziffer 4 des Gesetzes nicht vorliegt. Ministerialverfügung vom 29. September 1911.

Über die Frage, welche Ortspolizeibehörde die nach § 7 Abs. 3 Ziffer 4 erforderliche Bescheinigung bei Personen, die auf Reisen verstorben sind, auszustellen hat, bestimmt die ministerielle Ausführungsanweisung unter II 7d: „Die Bescheinigung der Ortspolizeibehörde gemäß Ziffer 4 daselbst ist bei Todesfällen auf Reisen von der Ortspolizeibehörde des Sterbeorts, nötigenfalls auch von der des letzten Wohnorts des Verstorbenen, bei Todesfällen auf hoher See von dem Schiffsführer oder dessen Vertreter und von der Polizeibehörde des Eingangshafens, bei solchen auf Schiffen oder Flößen der Binnenschiffahrt von der Polizeibehörde der nächsten Anlegestelle auszustellen."

4. Die Vornahme einer Feuerbestattung in Preußen ohne Beachtung der Vorschriften des § 7 ist strafbar nach § 11 des Gesetzes. Die Polizeibehörde kann ferner eine derartige Bestattung hindern.

5. Für die Ortspolizeibehörde des Verbrennungsortes schreibt endlich die ministerielle Ausführungsanweisung noch vor: „Die Ortspolizeibehörde des Verbrennungsorts hat über alle von ihr genehmigten Feuerbestattungen beim Vorhandensein mehrerer Feuerbestattungsanlagen im Bezirke für jede dieser gesondert, ein Register zu führen, das dieselben Angaben zu enthalten hat, wie die Einäscherungsregister bei den Bestattungsanlagen."

„Das für jedes Kalenderjahr abzuschließende Register ist von Zeit zu Zeit mit dem Einäscherungsregister zu vergleichen. Etwa dabei sich ergebende Unstimmigkeiten sind, sofern dies nach Lage des Falles ohne Bedenken geschehen kann, zu berichtigen, anderenfalls bei der Aufsichtsbehörde zur Sprache zu bringen."

„Die der Genehmigung zu Grunde liegenden Unterlagen, insbesondere die im § 7 des Gesetzes geforderten Nachweise, sind aktenmäßig zu heften und sorgsam aufzubewahren."

§ 8.

Die amtsärztliche Bescheinigung über die Todesursache (§ 7 Abs. 3 Nr. 2) ist auf Grund der Leichenschau auszustellen und muß

die Erklärung enthalten, daß ein Verdacht, der Tod sei durch eine strafbare Handlung herbeigeführt worden, sich nicht ergeben hat.

War der Verstorbene in der dem Tode unmittelbar voraufgegangenen Krankheit ärztlich behandelt worden, so ist der behandelnde Arzt zu der Leichenschau zuzuziehen und sein Gutachten über die Todesursache in die Bescheinigung (Abs. 1) aufzunehmen.

War der zuständige beamtete Arzt zugleich der behandelnde Arzt, so ist die Bescheinigung von einem anderen beamteten Arzt auszustellen.

Vor der Erteilung der Bescheinigung ist die Leichenöffnung vorzunehmen, wenn einer der beteiligten Ärzte sie zur Feststellung der Todesursache für erforderlich hält.

1. Die amtsärztliche Bescheinigung über die Todesursache ist, wie ihr Name besagt, von einem Amtsarzt auszustellen. Amtsarzt ist der Gerichtsarzt des Bezirkes, eventuell der als Gerichtsarzt tätige Kreisarzt. War der hiernach als zuständig in Betracht kommende beamtete Arzt zugleich derjenige Arzt, der den Verstorbenen an der dem Tode unmittelbar voraufgegangenen Krankheit ärztlich behandelt hat, so muß ein anderer beamteter Arzt die Bescheinigung ausstellen. Zuständig hierfür wäre jeder beliebige andere in Preußen als Kreisarzt oder Gerichtsarzt angestellte Arzt.

2. Zuziehung des behandelnden Arztes. A. Die Zuziehung muß erfolgen, wenn der Verstorbene an der dem Tode unmittelbar voraufgegangenen Krankheit ärztlich behandelt war. Zuziehung wäre also nicht erforderlich, wenn der betreffende Arzt den Verstorbenen zwar an der Krankheit, die jetzt zum Tode geführt hat, früher einmal ärztlich behandelt hat, damals aber Genesung oder derartig wesentliche Besserung erfolgt ist, daß der Patient ärztlicher Hilfe nicht mehr bedurfte, und wenn die Krankheit später wieder ausgebrochen ist und dann zum Tode geführt hat. Eine Krankheit ist jedenfalls nur dann eine unmittelbar dem Tode vorhergehende gewesen, wenn sie ohne wesentliche Unterbrechungen einen tödlichen Verlauf schließlich gehabt hat. B. Zuzuziehen ist in solchem Falle nur der behandelnde Arzt, nicht auch andere Medizinalpersonen oder gar Quacksalber, die der Verstorbene etwa zu Rate gezogen hat. Es steht aber jedenfalls nichts im Wege, wenn der Amtsarzt auch solche Personen im Interesse der Sache zur Leichenschau zuziehen will oder wenn er einen Arzt hinzuziehen will, der den Verstorbenen früher einmal an der gleichen Krankheit ärztlich behandelt hat. Nur kann er dazu nie gezwungen werden. C. In dem Falle, den § 8 Abs. 2 im Auge hat, ist der behandelnde Arzt von Amts wegen zuzuziehen. Eines besonderen Antrages Interessierter hierzu bedarf es also nicht. Ist die

Zuziehung nicht geschehen, so liegt keine ordnungsmäßige Leichenschau vor, wie sie das Gesetz verlangt. Die Ortspolizeibehörde kann in solchem Falle mithin die Genehmigung der Feuerbestattung (§ 7 des Gesetzes) verweigern. Außerdem ist natürlich der Amtsarzt für diese Nichtbefolgung seiner Dienstpflichten mindestens disziplinarisch verantwortlich. D. Erscheint der behandelnde Arzt trotz Aufforderung zur Leichenschau nicht, so ist diese ohne ihn vorzunehmen. Es ist für diesen Fall aber eine schriftliche Krankengeschichte nebst Gutachten über die Todesursache von ihm einzufordern. Zum Erscheinen gezwungen werden kann er nicht. Ebenso wenig kann ihn der Amtsarzt dazu zwingen, ihm irgend welche Aufklärung zu geben. Verweigert der behandelnde Arzt die Teilnahme an der Leichenschau oder irgend welche Aufklärung und gelangt der Amtsarzt für sich allein nicht zur sicheren Feststellung der Todesursache, so muß er eben die Leichenöffnung vornehmen. Ob die Zuziehung des behandelnden Arztes geschehen ist und mit welchem Erfolg, muß eventuell aus der Bescheinigung des Amtsarztes hervorgehen. Hat er sich an der Leichenschau beteiligt, so ist aber der beamtete Arzt verpflichtet, das Gutachten des behandelnden Arztes über die Todesursache in seine Bescheinigung mit aufzunehmen. Die Leichenschau ist im übrigen von dem Amtsarzt selbständig vorzunehmen.

3. Die Bescheinigung über die Todesursache ist nur von dem Amtsarzt zu unterschreiben. Zu ihr sind ferner 3 Mark preußischer Stempel zu verwenden. Tarif zum preußischen Stempelsteuergesetz vom $\frac{\text{31. Juli 1895}}{\text{30. Juni 1909}}$ Position 77.

4. Die Bescheinigung des Amtsarztes ist auf Grund der Leichenschau auszustellen. Über das Verfahren bei derselben ist unter dem 29. September 1911 folgende Ministerialverordnung ergangen:

Vorschriften für die Ausführung der ärztlichen Leichenschau zwecks Feuerbestattung.

I. Allgemeine Bestimmungen.

§ 1. Die ärztliche Besichtigung (Leichenschau) menschlicher Leichen, welche der Feuerbestattung übergeben werden sollen, ist von dem zuständigen beamteten Arzte vorzunehmen, welcher auch die amtsärztliche Bescheinigung über die Todesursache auszustellen hat.

§ 2. Als beamteter Arzt im Sinne des Gesetzes, betreffend die Feuerbestattung vom 14. September 1911 gilt dort, wo ein besonderer Gerichtsarzt angestellt ist, dieser, sonst der als Gerichtsarzt tätige Kreisarzt.

War der zuständige beamtete Arzt zugleich der behandelnde Arzt in der dem Tode unmittelbar voraufgegangenen Krankheit, so ist die Leichenschau von einem anderen beamteten Arzte vorzunehmen.

§ 3. War der Verstorbene in der dem Tode unmittelbar voraufgegangenen Krankheit ärztlich behandelt worden, so ist der betreffende Arzt zu der Leichenschau zuzuziehen.

§ 4. Die Leichenschau soll sobald als möglich nach dem Tode vorgenommen werden. Die amtsärztliche Bescheinigung über die Todesursache muß auch genauen Aufschluß darüber geben, in welcher Weise der Tod festgestellt worden ist.

§ 5. Die Leichenschau hat in einem hinreichend hellen Raume stattzufinden; ihre Vornahme bei künstlichem Licht ist unzulässig.

Für völlige Entkleidung und angemessene Lagerung der Leiche und für Entfernung störender Umgebung muß gesorgt werden.

§ 6. Bei allen mit der Leiche vorzunehmenden Bewegungen, namentlich bei ihrer Überführung von einer Stelle zur anderen, ist sorgfältig darauf zu achten, daß kein zu starker Druck auf einzelne Teile ausgeübt und daß die Horizontallage der größeren Höhlen und die durch die Leichenstarre bedingte Stellung der Gliedmaßen nicht erheblich verändert werde.

II. Verfahren bei der Leichenschau.

§ 7. Bei der Besichtigung der Leiche hat der beamtete Arzt überall den Hauptzweck der Leichenschau — Verhütung der Verschleierung einer strafbaren Handlung, durch die der Tod herbeigeführt worden — im Auge zu behalten und alles, was diesem Zwecke dient, genau und vollständig zu untersuchen.

Durch eingehende Befragung der Angehörigen und des behandelnden Arztes hat er sich ein genaues Bild über den Verlauf der dem Tode unmittelbar voraufgegangenen Krankheit und über die Umstände, unter denen der Tod erfolgt ist, zu verschaffen.

Ist der Tod plötzlich oder nach einer auffallend kurzen Krankheit erfolgt, so hat der beamtete Arzt, soweit tunlich, vor der Leichenschau den Ort, wo die Leiche gefunden wurde bzw. der Tod erfolgte, in Augenschein zu nehmen, die Lage und Stellung, in der sich die Leiche befand, zu ermitteln und die Kleidungsstücke, die der Verstorbene bei seiner Auffindung trug, zu besichtigen.

§ 8. Zunächst sind etwa vorhandene Besudelungen der Leiche mit Blut, Kot, Eiter, Schmutz und dergleichen, gegebenenfalls nach Entnahme einer Probe behufs Untersuchung mit der Lupe oder dem Mikroskop, abzuwaschen.

§ 9. Behufs Feststellung

1. der Identität der Leiche sind Alter, Geschlecht, Größe Körperbau, allgemeiner Ernährungszustand und etwaige besondere Kennzeichen, wie sogenannte Fußgeschwüre, Narben, Mäler, Tätowierungen, Überzahl oder Mangel an Gliedmaßen, anzugeben;

2. des eingetretenen Todes sind die Zeichen desselben und diejenigen der etwa schon eingetretenen Verwesung zu ermitteln und anzugeben. An- oder Abwesenheit der Muskelstarre, allgemeine Hautfarbe der Leiche, Art und Grad etwaiger Färbungen und Verfärbungen einzelner Teile durch die Verwesung sowie Farbe, Art und Ausdehnung der Totenflecke;
3. der Todesursache ist, soweit dies bei der bloßen Besichtigung der Leiche möglich ist, dasjenige Organ zu untersuchen, das nach der Angabe der Angehörigen und des behandelnden Arztes Sitz der tödlichen Krankheit gewesen ist;
4. ob der Tod durch eine strafbare Handlung herbeigeführt worden ist, ist die Leiche auf Zeichen eines gewaltsamen Todes, einer Vergiftung oder des Verhungerns zu untersuchen.

§ 10. Von gewaltsamen Todesarten kommen namentlich in Betracht:

1. Ersticken durch Einführung fremder Gegenstände in Mund oder Nase;
2. Erhängen (Strangmarken), Erdrosseln (Drosselmarken) oder Erwürgen (Fingereindrücke, Kratzwunden);
3. Einwirkungen stumpfer, scharfer oder spitzer Instrumente oder Gewalten (Quetschungen, Wunden, Blasen und dgl.) an Kopf, Hals, Brust, Unterleib, äußeren Geschlechtsteilen, Rückenfläche und Gliedern, die daraufhin der Reihe nach sorgfältig zu betrachten sind.

Etwa vorhandene Verletzungen sind nach Gestalt, Lage und Richtung mit Beziehung auf feste Punkte des Körpers sowie nach Länge und Breite in Metermaß anzugeben. Bei Wunden ist ferner die Beschaffenheit ihrer Ränder und deren Umgebung festzustellen. Bei Schußwunden ist besonders auf Pulvereinsprengungen und Versengung von Härchen zu achten. Dies gilt auch in Fällen von Verbrühung oder von Verbrennung durch die Flamme.

§ 11. Insbesondere ist zu achten auf

1. eine ungewöhnliche Färbung der Haut, namentlich der Totenflecke (hellkirschrot bei Blausäurevergiftung, dunkelkirschrot bei Kohlenoxydvergiftung, gelb bei Phosphorvergiftung, graubraun bei Vergiftung durch chlorsaures Kali oder andere methämoglobinbildende Gifte);
2. Verfärbungen und Ätzungen der Mund- und Lippenschleimhaut sowie der Haut zunächst den Mundwinkeln (Karbolsäure, Kresole, Lysol, Laugen und Säuren);

3. Farbe, Geruch und Reaktion einer etwa aus Mund oder Nase sich ergießenden Flüssigkeit sowie auf einen auffälligen, der Leiche entströmenden Geruch.

III. Abfassung der amtsärztlichen Bescheinigung über die Todesursache.

§ 12. Das Ergebnis der amtsärztlichen Besichtigung muß von dem beamteten Arzt in der Bescheinigung kurz, deutlich und unter tunlichster Vermeidung fremder Ausdrücke angegeben werden.

Etwaige für die Beurteilung wichtige Angaben von Angehörigen über die dem Tode unmittelbar voraufgegangene Krankheit und das Gutachten des behandelnden Arztes über die Todesursache sind in die Bescheinigung aufzunehmen

Die Bescheinigung hat in jedem Falle die Identität der Leiche, die Feststellung des Todes, die Todesursache und die Frage der verbrecherischen Veranlassung zu berücksichtigen. (Der Befund einer Virginität ist zu erwähnen.)[1])

§ 13. Erscheint es auf Grund der angestellten Ermittelungen und der Leichenschau zweifelsfrei, daß eine natürliche Todesursache vorliegt, so wird diese amtsärztlich bescheinigt unter Hinzufügung der Erklärung, „daß ein Verdacht, der Tod sei durch eine strafbare Handlung herbeigeführt worden, sich nicht ergeben hat".

§ 14. Ist die Todesursache nicht aufgefunden worden oder besteht irgend ein Zweifel, ob ein natürlicher Tod vorliegt, besteht namentlich in dieser Hinsicht eine auseinandergehende Meinung zwischen den beiden beteiligten Ärzten, so ist, sofern auf der Feuerbestattung bestanden wird, die polizeiliche Leichenöffnung vorzunehmen, auch wenn die gerichtliche Leichenöffnung nicht für erforderlich erachtet worden ist.

Ist durch die Leichenöffnung der Verdacht, der Tod sei durch eine strafbare Handlung herbeigeführt, hinweggeräumt, so hat der beamtete Arzt die Bescheinigung zu erteilen.

Berlin, den 29. September 1911.

Der Minister des Innern.

von Dallwitz.

Der Inhalt der auszustellenden amtsärztlichen Bescheinigung ist in §§ 12, 13 dieser Verordnung genau angegeben. Amtsärztliche Bescheinigungen, die diesen Inhalt nicht haben oder aus denen sich ergibt, daß sie nicht auf Grund einer ordnungsmäßigen Leichenschau, wie sie vorstehende Verordnung anordnet, ausgestellt sind, sind von der Ortspolizeibehörde

---

[1]) Der eingeklammerte Satz ist inzwischen durch einen während des Druckes erschienenen Ministerialerlaß aufgehoben worden.

zurückzuweisen. Diese hat in solchem Falle bis zur Beibringung einer vorschriftsmäßigen amtsärztlichen Bescheinigung die Genehmigung der Feuerbestattung abzulehnen.

5. Leichenöffnung. Leichenschau ist auf alle Fälle vorzunehmen, Leichenöffnung nur dann, wenn einer der beteiligten Ärzte sie zur Feststellung der Todesursache für erforderlich erachtet. § 14 der oben abgedruckten Ministerialverordnung präzisiert dies noch näher dahin, daß Leichenöffnung stattzufinden habe, wenn eine Todesursache nicht aufgefunden worden ist oder wenn über die Todesursache irgend ein Zweifel oder eine Meinungsverschiedenheit zwischen den beiden beteiligten Ärzten besteht. Diese Leichenöffnung ist eine rein polizeiliche. Gericht und Staatsanwaltschaft brauchen ohne weiteres von ihr nicht benachrichtigt werden. Daneben bleibt aber die Bestimmung des § 157 StPO. unberührt. Ist ein Anhaltspunkt dafür vorhanden, daß jemand eines nicht natürlichen Todes verstorben ist, so muß eine Anzeige an die Staatsanwaltschaft oder an den Amtsrichter erfolgen. Zu einer solchen Anzeige ist eventuell auch der beteiligte beamtete Arzt verpflichtet. Er ist als Gerichts- oder Kreisarzt Beamter der Medizinalpolizei. In solchem Falle bleibt die Verfügung über die zu ergreifenden Maßregeln dem Amtsrichter oder der Staatsanwaltschaft überlassen. Bis zu deren Entscheidung hat der Amtsarzt jede Tätigkeit einzustellen.

Eine etwaige Leichenöffnung hat sich in jedem Falle auf Kopf-, Brust- und Bauchhöhle zu erstrecken. Im einzelnen sind für sie die Vorschriften des Regulativs des Justizministers vom 13. Februar 1875 maßgebend.

Sobald die Bedenken der Ärzte über die Todesursache behoben sind, hat der Amtsarzt, auch falls gerichtliche Leichenöffnung stattgefunden hat, die nach § 8 des Gesetzes erforderliche Bescheinigung auszustellen, außer wenn nach wie vor der Verdacht besteht, der Tod sei durch eine strafbare Handlung verursacht worden.

Gegen die Maßnahmen des Amtsarztes sind Rechtsmittel nicht gegeben Nur Beschwerde im Dienstaufsichtswege ist möglich.

§ 9.

Der Nachweis, daß der Verstorbene die Feuerbestattung angeordnet hat (§ 7 Abs. 3 N. 3), kann erbracht werden:

1. durch eine letztwillige Verfügung des Verstorbenen;
2. durch eine mündliche Erklärung des Verstorbenen, die von einer zur Führung eines öffentlichen Siegels berechtigten Person als in ihrer Gegenwart abgegeben beurkundet ist.

Die Anordnung ist nur wirksam, wenn der Verstorbene sie nach vollendetem 16. Lebensjahre getroffen hatte, sie kann nicht

durch einen Vertreter getroffen werden; stand jedoch der Verstorbene unter elterlicher Gewalt und hatte er nicht das 16. Lebensjahr vollendet, so tritt der Antrag des Inhabers der elterlichen Gewalt an die Stelle der Anordnung.

Es gibt hiernach für die Anordnung der Feuerbestattung zwei Möglichkeiten. Der Entwurf des Gesetzes ließ noch eine dritte Form zu: Der Nachweis der Anordnung der Feuerbestattung solle auch rechtsgültig angeordnet werden können durch das von einer öffentlichen Behörde beglaubigte Zeugnis zweier glaubwürdiger Personen. Diese Bestimmung ist aber bei der zweiten Lesung des Gesetzes im Abgeordnetenhause gestrichen worden.

1. Der Ausdruck „letztwillige Verfügung" ist ein juristisch technischer des Bürgerlichen Gesetzbuches. Unter letztwilliger Verfügung im Sinne des § 9 des Gesetzes kann daher nicht jeder beliebige Ausdruck eines letzten Willens verstanden werden, sondern nur eine letztwillige Verfügung im Sinne des Bürgerlichen Gesetzbuches. Eine solche kann in folgenden Formen erlassen werden: A. Durch Errichtung vor einem Richter oder vor einem Notar. § 2231 BGB. Bei der Errichtung hat der Richter einen Gerichtsschreiber oder zwei Zeugen, der Notar einen zweiten Notar oder zwei Zeugen zuzuziehen. § 2333 BGB. Die Errichtung erfolgt durch mündliche Erklärung des letzten Willens oder durch Übergabe einer Schrift mit der mündlichen Erklärung, daß diese Schrift den letzten Willen des Testierenden enthalte § 2238 BGB. B. Durch eine von dem Verstorbenen unter Angabe des Ortes und Tages eigenhändig geschriebene und unterschriebene Erklärung § 2231 BGB. C. Falls zu besorgen ist, daß der Testierende früher sterben werde, als die Errichtung vor einem Richter oder vor einem Notar möglich ist, oder falls sich der Testierende an einem Orte aufhält, der infolge außerordentlicher Umstände so abgesperrt ist, daß die Testamentserrichtung vor einem Richter oder einem Notar nicht möglich oder erheblich erschwert ist, vor dem Gemeindevorsteher oder dem Gutsvorsteher seines Aufenthaltsortes und 2 Zeugen. § 2249 BGB. D. Falls sich der Testierende an einem Orte aufhält, der infolge außerordentlicher Umstände so abgesperrt ist, daß die Testamentserrichtung vor einem Richter oder einem Notar nicht möglich oder erheblich erschwert ist, oder falls sich der Testierende während der Seereise an Bord eines deutschen, nicht zur Kaiserlichen Marine gehörenden Fahrzeuges außerhalb eines inländischen Hafens befindet, durch mündliche Erklärung vor drei Zeugen. Über die Errichtung des Testamentes ist aber dann ein Protokoll aufzunehmen. §§ 2250, 2251 BGB. Im Falle C und D werden die errichteten Testamente ungültig, wenn seit der Errichtung drei Monate verstrichen sind und der Testierende noch lebt. § 2252 BGB. E. Die dem aktiven Heere Angehörigen und andere den Militärgesetzen unterworfenen

Personen können während eines Krieges oder Belagerungszustandes eine letztwillige Verfügung außerdem noch errichten: a) Durch eine von ihnen eigenhändig unterschriebene Erklärung, die von zwei Zeugen oder einem Kriegsgerichtsrat, Oberkriegsgerichtsrat oder Offizier mitunterzeichnet sind. b) Durch eine mündliche Erklärung, über die von einem Kriegsgerichtsrat, Oberkriegsgerichtsrat oder Offizier unter Zuziehung zweier Zeugen oder noch eines Kriegsgerichtsrats, Oberkriegsgerichtsrats oder Offiziers eine schriftliche Verhandlung aufgenommen worden ist und die dem Testator vorgelesen und die auch von dem aufzunehmenden Kriegsgerichtsrat, Oberkriegsgerichtsrat oder Offizier sowie auch von den hinzugezogenen Urkundspersonen unterschrieben ist. Eine solche Verfügung verliert aber ihre Gültigkeit mit Ablauf eines Jahres nach der Demobilisierung des Truppenteiles oder nach dem Ausscheiden des Testators aus dem Truppenteile. Reichsmilitärgesetz vom 2. Mai 1874 § 44. Außerdem sind die Kriegsgerichtsräte oder Oberkriegsgerichtsräte zur Aufnahme von Testamenten befugt, haben aber dabei einen Militärgerichtsschreiber hinzuzuziehen.

Eine letztwillige Verfügung ist jederzeit widerruflich. Widerrufen kann sie werden in den Fällen zu A und C durch Rücknahme aus der amtlichen Verwahrung, sonst durch Vernichtung der Urkunde oder Vornahme derartiger Veränderungen an ihr, daß daraus der Wille die Verfügung aufzuheben, hervorgeht, oder endlich durch Errichtung einer neuen letztwilligen Verfügung, die die bisherige aufhebt. §§ 2254 folg. BGB.

2. Die ministerielle Ausführungsanweisung gibt den Ortspolizeibehörden für die Behandlung der ihnen vorgelegten letztwilligen Verfügungen noch folgende Vorschrift: „Ihre vorherige förmliche Eröffnung durch das Gericht ist nicht erforderlich. Die Ortspolizeibehörde hat eine ihr vorgelegte letztwillige Verfügung unverzüglich unter Zurückbehaltung einer beglaubigten Abschrift an den Vorleger herauszugeben."

„Wird die letztwillige Verfügung nicht offen vorgelegt, sondern nur behauptet, daß sie sich in einem verschlossenen vorgelegten Umschlage befinde, so ist die Öffnung des Umschlages abzulehnen, es sei denn, daß der Verstorbene auf dem Umschlag oder sonst die Ortspolizeibehörde um die Öffnung ersucht hat. In diesem Falle ist der Umschlag zu öffnen und mit der Verfügung nach Entnahme der beglaubigten Abschrift oder eines beglaubigten Auszuges in einem versiegelten Umschlage zurückzugeben."

3. Die mündliche Erklärung des § 9 Ziffer 2 muß vor einer in Preußen zur Führung eines öffentlichen Siegels berechtigten Person abgegeben sein. Welche Personen hierfür in Betracht kommen, besagt das Gesetz nicht. Die Motive geben an, es solle dies in der Ausführungsanweisung bestimmt werden. Dies in indessen nicht geschehen. Es ist daher jede Person zuständig, die überhaupt berechtigt ist, ein öffentliches Siegel zu führen, auch wenn sie nur für ganz bestimmte eng begrenzte Gebiete unter ihrem

Dienstsiegel Urkunden ausstellt. Ob das Siegel, was die betreffende Person führt, ein persönliches oder Behördensiegel ist, bleibt dabei einerlei. So wäre beispielsweise zur Entgegennahme der mündlichen Erklärung aus § 9 Ziffer 2 des Gesetzes befugt der Amtsrichter, der Notar, der Gerichtsvollzieher, der Vorsteher einer Polizeibehörde, der Standesbeamte, aber auch Ehrenbeamte wie der Schiedsmann, der Bezirksvorsteher, der Amtsvorsteher, der Gutsvorsteher.

Über die vor ihm abgegebene Erklärung hat der betreffende Beamte eine Urkunde aufzunehmen und diese mit seinem Siegel zu versehen. Die so aufgenommene Urkunde ist eine öffentliche im Sinne der Gesetze. Da nach § 9 Ziffer 2 jeder, der ein öffentliches Siegel führt, zur Aufnahme zuständig ist, handelt es sich stets um eine Urkunde, die allen Erfordernissen des § 415 ZPO. genügt.

4. Voraussetzung der Fähigkeit, die Feuerbestattung seiner dereinstigen körperlichen Überreste anzuordnen, ist die Vollendung des 16. Lebensjahres. Minderjährige über 16. Jahre bedürfen zum Erlaß einer solchen Anordnung ebenso wenig wie zur Testamentserrichtung der Zustimmung ihres gesetzlichen Vertreters. § 2229 BGB. Personen unter 16 Jahren sind zum Erlaß einer solchen Anordnung überhaupt unfähig. Wer entmündigt ist, kann von dem Augenblick an, wo der Antrag auf Entmündigung gestellt ist, eine letztwillige Verfügung nicht errichten. § 2229 BGB. Da der Wille des Gesetzes offensichtlich der ist, daß auf die Anordnung der Feuerbestattung gemäß § 9 des Gesetzes die Bestimmungen über Testamentserrichtung analog anzuwenden sind, so wird man den Entmündigten auch das Recht absprechen müssen, die Feuerbestattung ihrer dereinstigen Überreste anzuordnen.

Das Recht eine Anordnung gemäß § 9 des Gesetzes zu treffen, ist, ebenso wie das Recht ein Testament zu errichten, ein höchst persönliches, das nicht durch einen Vertreter ausgeübt werden kann.

Bei Personen unter 16 Jahren kann nur der Inhaber der elterlichen Gewalt die Feuerbestattung anordnen. Die Anordnung kann jederzeit, auch nach dem Tode geschehen. Inhaber der elterlichen Gewalt ist der Vater oder, wenn dieser verstorben ist oder die elterliche Gewalt verwirkt hat, die Mutter. §§ 1627, 1684 BGB. Ist der Vater an der Ausübung der elterlichen Gewalt tatsächlich verhindert, so wird dieselbe, soweit es sich um die Sorge für die Person handelt, von der Mutter ausgeübt. § 1685 BGB. Sind beide Eltern verstorben oder einer von beiden ist verstorben und der andere hat die elterliche Gewalt verwirkt oder ist an der Ausübung derselben tatsächlich verhindert, so hat niemand die elterliche Gewalt bzw. übt sie niemand aus. Insbesondere steht die elterliche Gewalt nie dem Vormund oder Pfleger zu. Dieser ist also nie in der Lage, die Feuerbestattung seines Mündels zu veranlassen, ebenso wenig das Vormundschaftsgericht.

5. Letztwillige Verfügungen, die im Ausland errichtet sind und nach ausländischem Recht gültig sind, genügen zur Anordnung der Feuerbestattung nach § 9 des Gesetzes. § 9 Ziffer 1 erfordert eine nach deutschem bürgerlichen Recht gültige letztwillige Verfügung. Dies ist aber auch eine im Ausland errichtete, bei der die Formen des ausländischen Rechts beachtet sind. Einf.-Ges. z. BGB. Art. 11. Unzulässig wäre es dagegen, die Feuerbestattung anzuordnen durch mündliche Erklärung vor einer im Ausland zur Führung eines öffentlichen Siegels berechtigten Person. Es handelt sich hier ja nicht um die zivilrechtliche Gültigkeit einer solchen Erklärung, sondern um die Frage, unter welchen Voraussetzungen die Polizei die Genehmigung zur Feuerbestattung zu erteilen hat. Eine Genehmigung ist zu erteilen, wenn die Feuerbestattung angeordnet ist durch eine zivilrechtlich gültige letztwillige Verfügung oder durch eine mündliche Erklärung vor einer in Preußen zur Führung eines öffentlichen Siegels berechtigten Person.

Exkurs zu § 9.

Einiges aus zivilrechtlichem Gebiete.

Nicht geregelt ist im Feuerbestattungsgesetz die Frage, inwieweit die Hinterbliebenen rechtlich verpflichtet sind, dem Wunsche des Verstorbenen bezüglich der Feuerbestattung seines Leichnams nachzukommen und auf welchem Wege sie dazu gezwungen werden können. Die Bestimmung eines Erblassers, sein Leichnam solle verbrannt werden, ist im Zweifel als Auflage aufzufassen. §§ 1968, 2147, 2192 BGB. Sie verpflichtet den Erben oder den sonstwie damit Beschwerten, ohne einem anderen einen materiellen Vorteil zuzuwenden. Über die Verpflichtung, der Verfügung des Erblassers nachzukommen, greifen mithin die §§ 2192 folg. BGB. Platz. Hiernach kann vor dem ordentlichen Gericht auf Erfüllung der Auflage geklagt werden, doch kann mit einer Auflage nur der Erbe oder ein Vermächtnisnehmer beschwert werden. §§ 2147, 2192 BGB. Legitimiert zur Klage sind der Erbe, der Miterbe und derjenige, dem der Wegfall des mit der Auflage Beschwerten unmittelbar zu statten kommen würde. Der Klageantrag hätte dahin zu lauten, den Beklagten zu verurteilen, die Leiche des am .... verstorbenen N. N. einäschern zu lassen. Vollstreckung des Urteils hätte gemäß § 887 ZPO. zu erfolgen, da die Feuerbestattung natürlich tatsächlich von jedem bewirkt werden kann.

Ist die Feuerbestattung nur auf dem in § 9 Ziffer 2 des Gesetzes zugelassenen Wege angeordnet worden, so können m. E. die Erben nicht gezwungen werden den Willen des Verstorbenen zu erfüllen. Eine Auflage kann rechtswirksam nur angeordnet werden durch eine der nach bürgerlichem Recht zugelassenen Testamentsformen. § 9 des Gesetzes regelt ja keine zivilrechtlichen Verhältnisse, sondern nur die Voraussetzungen, unter denen die Ortspolizeibehörde die Anordnung der Feuerbestattung als für sich rechtsgültig anzuerkennen hat, er betrifft also öffentliches Recht. Besondere Formen für die Anordnung von Auflagen, Vermächtnissen usw. kennt das heutige bürgerliche Recht nicht mehr. Da auch das Landesrecht nicht mehr in der Lage ist, besondere zivilrechtliche Vorschriften hierüber zu erlassen, so muß die zivilrechtliche Gültigkeit einer Anordnung der Feuerbestattung in der Form des § 9 Ziffer 2 des Gesetzes verneint werden. Nur die Pietät verpflichtet den Erben dazu. Wohl aber wäre der Erblasser in der Lage, in seinem Testament zu bestimmen: Vorschriften über meine Bestattung werde ich besonders treffen, und sind meine Erben verpflichtet, diese zu erfüllen. Dann sind die Erben verpflichtet, diese Vorschriften zu erfüllen, einerlei in welcher Form sie erlassen werden. Häufig wird der Fall vorkommen, daß der Verstorbene Mitglied eines Feuerbestattungsvereines war und folgendes verfügt hat: „Meine Leiche soll eingeäschert werden. Mit der Ausführung der Einäscherung beauftrage ich den Feuerbestattungsverein zu H." Hier wird der betreffende Feuerbestattungsverein in der Regel bereit sein, dem Willen des Verstorbenen nachzukommen, doch können sich Streitigkeiten wegen der Kosten ergeben. Meines Erachtens sind hier die Erben zum Ersatz der Kosten verpflichtet. Nachdem die Feuerbestattung in Preußen erlaubt ist, ist § 1968 BGB. auch auf die Kosten der Feuerbestattung anzuwenden. Der Ersatzanspruch des Vereins gegen die Erben würde sich mithin aus §§ 683, 1968 BGB. rechtfertigen.

Kann ein Erbe oder ein sonst damit testamentarisch Belasteter gezwungen werden, die Leiche des Erblassers einzuäschern, so ist dies also nur auf dem Wege des bürgerlichen Rechtsstreits möglich. Bis zur Austragung hat ev. das Gericht auf Antrag die Sachlage durch eine einstweilige Verfügung gemäß § 940 ZPO. zu regeln. Die Voraussetzungen dieses Paragraphen liegen vor, denn eine Regelung des einstweiligen Zustandes wird allemal nötig erscheinen. Der Leichnam kann nicht liegen bleiben, sondern es muß bestimmt werden, was mit ihm werden soll. Die einstweilige Verfügung wird hier aber stets dahin zu lauten haben, der Leichnam des Verstorbenen sei vorläufig zu beerdigen. Die Einäscherung ist irreparabel, während eine Leiche, die beerdigt ist, jederzeit wiederausgegraben und eingeäschert werden kann. Der Zweck einer einstweiligen Verfügung ist aber, abgesehen von besonderen Fällen, wo das Gesetz eine antizipierte Entscheidung für zulässig erklärt, nicht der Entscheidung des ordentlichen Prozesses vorzugreifen, sondern den einstweiligen Zustand bis zum Austrag der Sache zu regeln. Hierüber wird hinausgegangen, wenn schon durch einstweilige Verfügung die Feuerbestattung angeordnet wird. Auch wenn das Gericht mittels einstweiliger Verfügung auf Grund von § 935 ZPO. eingreifen mußte (etwa weil versucht würde, die Leiche ins Ausland zu schaffen), könnte sich die einstweilige Verfügung immer nur in der angegebenen Richtung bewegen.

§ 10.

Über Beschwerden gegen Verfügungen der Polizeibehörden auf Grund des § 7 hat die vorgesetzte Dienstbehörde binnen einer Frist von 24 Stunden endgültig zu entscheiden.

Der Paragraph ist in der zweiten Lesung des Gesetzes vom Abgeordnetenhause auf Antrag der Abgeordneten von Goßler, Schrock und Genossen eingefügt worden.

1. Gemeint sind Verfügungen der Ortspolizeibehörden, durch welche die Genehmigung zur Feuerbestattung erteilt oder versagt wird, oder Zwischenverfügungen, durch die zunächst die Beseitigung irgend welcher Anstände anheimgestellt wird, ferner Verfügungen, die die Erteilung und Versagung der Bescheinigung der Ortspolizeibehörde gemäß § 7 Abs. 3 Ziffer 4 des Gesetzes betreffen.

5. Vorgesetzte Dienstbehörde der städtischen Polizeibehörden ist der Regierungspräsident, für das Polizeipräsidium zu Berlin der Oberpräsident. Bei den ländlichen Polizeibehörden ist die vorgesetzte Dienstbehörde der Landrat. Zuständigkeitsgesetz § 5. Westfälische Landgemeindeordnung § 80. Rheinische Landgemeindeordnung § 114. Hessen-Nassauische Landgemeindeordnung § 111. Für Hannover kommt als vorgesetzte Dienstbehörde des Landrats der Regierungspräsident in Frage.

2. Die Frist von 24 Stunden rechnet von dem Moment des Einganges der Beschwerde. Für die Einlegung der Beschwerde besteht keine Frist.

3. Ein weiteres Rechtsmittel gegen die Entscheidung der Beschwerdeinstanz ist nicht gegeben.

§ 11.

Mit Geldstrafe bis zu 150 Mark oder mit Haft wird bestraft, wer ohne Beachtung der Vorschriften der §§ 7 bis 9 die Verbrennung einer Leiche vornimmt oder wer der Vorschrift des § 6 zuwiderhandelt

Urkundlich ....

Der Paragraph bedroht zwei Delikte mit Übertretungsstrafe: 1. Die Vornahme der Verbrennung einer Leiche ohne Beachtung der Vorschriften der §§ 7—9 des Gesetzes. 2. Die Zuwiderhandlung gegen die Vorschriften des § 6 des Gesetzes. Zur Verhandlung und Entscheidung ist zuständig in erster Instanz das Schöffengericht, in der Berufungsinstanz die mit drei Richtern besetzte Strafkammer des Landgerichts, in der Revisionsinstanz das Kammergericht.

Ad. 1. Der Ausdruck „die Verbrennung einer Leiche vornehmen" bedeutet etwas anderes als wenn das Gesetz sagen würde: „wer eine Leiche verbrennt". Die Leiche verbrennen würde derjenige, der den Verbrennungsraum auheizt, und derjenige, welcher sie in denselben hinunterläßt. Die

Verbrennung vornehmen, heißt: sie selbst vollziehen oder sie durch andere vollziehen lassen. Demnach würde als Täter des Deliktes in Betracht kommen der dirigierende Beamte der Krematoriumsverwaltung. Er veranlaßt die Verbrennung, indem er den Mechanismus der Krematoriumsbehörde in Bewegung setzt. Die Arbeiter, die den eigentlichen Verbrennungsakt ausführen, sind, wenn sie auf Veranlassung ihres Vorgesetzten handeln, jedenfalls nicht strafbar. Sie sind höchstens als Gehilfen ihres Vorgesetzten anzusehen und dann straflos. Derjenige, welcher die Krematoriumsverwaltung bestimmt, unerlaubter Weise eine Verbrennung vorzunehmen, ist als Anstifter zu bestrafen.

Die Verbrennung muß vorgenommen werden unter Nichtbeachtung der Vorschriften des §§ 7—9 des Gesetzes. Hier kann sich die Verantwortlichkeit der Krematoriumsbehörde natürlich nur darauf erstrecken, daß sie zu prüfen hat, ob eine Genehmigung der Ortspolizeibehörde des Verbrennungsortes zur Feuerbestattung vorliegt. Ob diese die Genehmigung zu Recht oder zu Unrecht erteilt hat, hat die Krematoriumsbehörde nicht nachzuprüfen.

Ad. 2. Strafbar ist hiernach: a) Die Nichtbeisetzung der Asche. b) Die Beisetzung der Asche in einem Behältnis, das nicht der Vorschrift des § 6 des Gesetzes entspricht. Vgl. hierzu Note 2 zu § 6. c) Beisetzung an einem anderen Orte als in der Urnenhalle oder in einer anderen behördlich genehmigten Bestattungsanlage. Täter ist der Angehörige des Verstorbenen, der die Bestattung besorgt. Die Beamten des Krematoriums, die den Aschenbehälter nicht ordnungsmäßig verschließen oder die Asche nicht ordnungsmäßig sammeln, sind nach § 11 ebenfalls strafbar. Ein Beamter, der die Asche verstreut oder die Aschenreste mehrerer Personen in einen Behälter tut, verursacht gleichfalls, daß die Aschenreste nicht ordnungsmäßig beigesetzt werden können. Er handelt damit der Vorschrift des § 6 des Gesetzes zuwider und ist wegen Übertretung des § 11 als Täter zu bestrafen.

Verschickung von Leichen an ausländische Krematorien zwecks Einäscherung.

Hierüber bestimmt § 44 der Verkehrsordnung für die Eisenbahnen Deutschlands, daß ein Bahntransport nur gestattet ist, wenn ein polizeilicher Leichenpaß beigebracht wird. Zur Erteilung eines Leichenpasses ist die Ortspolizeibehörde des Sterbeortes eventuell die des letzten Wohnsitzes zuständig. Erforderlich ist für denselben: a) Beglaubigter Auszug aus dem Sterberegister. b) Bescheinigung des Kreisarztes über die Todesursache und daß bei der von ihm gemäß § 8 des Feuerbestattungsgesetzes und der Nr. 8 der Ausführungsanweisung dazu bewirkten Leichenschau ein Verdacht, der Tod sei durch eine strafbare Handlung herbeigeführt worden, sich nicht ergeben hat; falls der Fall des § 157 StPO. vorgelegen hat, ferner Beerdigungsschein des Amtsrichters oder der Staatsanwaltschaft. c) Beibringung einer Bescheinigung der Ortspolizeibehörde des Sterbeortes gemäß § 7 Ziffer 4 des Feuerbestattungsgesetzes. d) Ausweis über die vorschriftsmäßige Einsargung der Leiche. Diese muß in einem widerstandsfähigen, luftdicht verschlossenen Metallbehälter geschehen. Letzterer muß in einem hölzernen Behälter so fest eingesetzt sein, daß er sich nicht verschieben kann. Verkehrsordnung für die Eisenbahnen Deutschlands § 44. Erlaß des preußischen Ministers des Innern vom. 23 September 1888 und vom 29. September 1911. Zum Leichenpaß sind ferner 5 Mark preußische Stempelsteuer zu entrichten. Stempelsteuergesetz vom $\frac{\text{31. Juli 1895}}{\text{30. Juni 1909}}$ Tarifstelle 49.

Für die Beförderung von Leichen auf anderen Wegen als mittels der Eisenbahn gelten diese Vorschriften nicht. Es machen indessen sämtliche deutsche außerpreußische Krematorien die Beibringung eines Leichenpasses zur Vorbedingung einer Feuerbestattung. Jedwede Feuerbestattung auf außerpreußischen Krematorien innerhalb Deutschlands ist also ohne Beibringung eines Leichenpasses unausführbar.

Strafrechtliches.

Schutz der Aschenurnen.

Nicht ganz unbedenklich steht es mit dem strafrechtlichen Schutz der Überreste Eingeäscherter. Zweifelsfrei ist die Urnenhalle ein Gebäude, jede Beschädigung daran ist mithin nach § 305 StGB. zu bestrafen. Die Aschenurne selbst ist nach geltendem gemeinen deutschen Strafrecht schutzlos. Ihre Zerstörung oder die Zerstreuung der Asche ist nicht Sachbeschädigung [1]), denn Aschenurne wie Asche sind res extra commercium. Sie ist auch nicht Vergehen gegen

[1]) Über die Entwendung der Aschenreste nach widerrechtlicher Öffnung des Behälters vgl. Note 1 zu § 6 des Gesetzes.

§ 168 StGB., denn die Asche ist nicht die Leiche, die Aschenurne ist auch kein Grab im Sinne des Gesetzes. Grab ist nur eine Stätte, wo Überreste eines Menschen in der Erde aufgenommen sind. Ebensowenig liegt in der Zerstörung der Aschenurne die Beschädigung eines Grabmals. Grabmal ist ein mit dem Grab verbundenes äußeres Zeichen, das an den Toten erinnern soll, nicht aber der Behälter der Überreste eines Verstorbenen. In Frage kommen könnte höchstens, ob eine Übertretung gegen § 11 des Feuerbestattungsgesetzes vorliegt.

Ist die Aschenurne in einem Urnenhain beigesetzt, so liegt die Sachlage folgendermaßen: Ist die Urne in der Erde beigesetzt, so könnte in ihrer unbefugten Herausnahme und Beschädigung Vergehen gegen § 168 StGB. liegen. Ist die Urne auf einem Sockel aufgestellt, oder in demselben, etwa *in einer Nische, angebracht* und fest mit ihm verbunden, so wäre die Beschädigung der Urne oder des Sockels Vergehen gegen § 305 StGB. Der Sockel ist ein Werk, das auf dem Erdboden fest verbunden und mit der Bestimmung dauernden Bestehens versehen ist. Er gilt daher als Bauwerk im Sinne des § 305 StGB. Vgl. Rechtsprechung des Reichsgerichts Bd. VI S. 477. Ist die Urne mit dem Sockel unverbunden, so ist die Beschädigung des Sockels als Beschädigung eines Bauwerks strafbar. Mit der Beschädigung der Urne verhält es sich hier ebenso wie bei Urnen, die in einer Urnenhalle stehen.

Kirche und Feuerbestattung.

Unsere beiden großen christlichen Kirchen verhalten sich zurzeit der Feuerbestattung gegenüber vollständig abweisend.

In der römisch-katholischen Kirche waren bis zum Jahre 1886 bestimmte Vorschriften über das Verhalten der Geistlichen bei Feuerbestattungen nicht gegeben. Unter dem 19. Mai 1886 erging von der Sancta congregatio inquisitionis folgendes

„Decretum quoad cadaverum cremationes[1]).

Non pauci Sacrorum Antistites cordatique Christifideles animadvertentes, ab hominibus vel dubiae fidei vel mas-

---

[1]) Abgedruckt in: Acta Sanctae Sedis. Bd. 15 S. 63.

sonicae sectae addictis magno nisu hodie contendi, ut ethnicorum usus de hominum cadaveribus comburendis instauretur atque in hunc finem speciales etiam societates ab iisdem institui; veriti ne eorum artibus et cavillationibus fidelium mentes capiantur, et sensim in eis imminuatur existimatio et reverentia erga christianam constantem et sollemnibus ritibus ab Ecclesia consecratam consuetudinem, fidelium corpora humandi: ut aliqua certa norma iisdem fidelibus praesto sit, qua sibi a memoratis insidiis caveant, a Suprema S. Rom et Univ. Inquisitionis Congregatione declarari postularunt:

1. An licitum sit, nomen dare societatibus, quibus propositum est promovere usum comburendi hominum cadavera?

2. An licitum sit mandare, ut sua aliorumve cadavera comburantur?

Eminentissimi ac Reverendissimi Patres Cardinales in rebus fidei generales Inquisitores supra scriptis dubiis sero ac mature perpensis praehabitoque d. d. Consultorum voto respondendum censuerunt:

ad 1: Negative, et si agatur de societatibus massonicae sectae filialibus, incurri poenas contra hanc latas.

ad 2: Negative.

Factaque de his Sanctissimo Domino Nostro Leoni Papae XIII. relatione Sanctitas Sua resolutiones Eminentissimorum Patrum approbavit et confirmavit, et cum locorum Ordinariis communicandas mandavit, ut opportune instruendos curent Christifideles circa detestabilem abusum humana corpora cremandi, utque ab eo gregem sibi concreditum totis viribus deterreant."

Unter dem 15. Dezember 1886 erging von derselben Behörde folgendes

„Decretum quoad corporum cremationem[2]).

Eminentissimi ac Reverendissimi D. D. Cardinales Inquisitiones Generales decreverunt: Quoties agatur de iis, quorum corpora non propria ipsorum sed aliena voluntate

[2]) Abgedruckt ebenfalls in den Acta Sanctae Sedis.

cremationi subiciantur, Ecclesiae ritus et suffragia adhiberi posse tum domi tum in ecclesia, non autem usque ad cremationis locum, remoto Scandalo. Scandalum vero removeri etiam poterit, si notum fiat, cremationem non propria defuncti voluntate electam fuisse. At ubi agatur de iis, qui propria voluntate cremationem elegerunt et in hac voluntate certo et notorie usque ad mortem perseverarunt, attento decreto f IV 19. Maii 1886 agendum cum iis iuxta normas Ritualis Romani, Tit. Quibus non licet dare ecclesiasticam sepulturam. In casibus autem particularibus, in quibus dubium vel difficultas oriatur, consulendus erit Ordinarius, qui accurate perpensis omnibus adiunctis id decernet, quod magis expedire in Domino iudicaverit."

Eine Ergänzung zu diesen beiden Dekreten bildet ein Bescheid auf eine Anfrage des Erzbischofs zu Freiburg i. Br. Die Anfrage lautet:

Archiexpiscopus Friburgensis ad pedes Sanctitatis Vestrae provolutus humillime petit sequentium dubiorum resolutionem:

1. Utrum liceat sacramenta morientium ministrare fidelibus, qui massonicae quidem sectae non adhaerent, nec eius ducti principiis sed aliis rationibus moti corpora sua post mortem cremanda mandarunt, si hoc mandatum retractare nolint?

2. Utrum liceat pro fidelibus, quorum corpora non sine ipsorum culpa cremata sunt, Missae sacrificium publice offerre vel etiam privatim applicare itemque fundationes ad hunc finem acceptare?

3. Utrum liceat cadaverum cremationi cooperari sive mandato ac consilio sive praestita opera, ut medicis, officialibus, operariis in crematorio inservientibus? et utrum hoc liceat saltem, si fiat in quadam necessitate aut ad evitandum magnum damnum?

4. Utrum liceat taliter cooperantibus ministrare sacramenta, si ab hac cooperatione desistere nolunt, aut desistere non posse affirmant?

Darauf ist folgende Antwort ergangen:

Fer IV die 27. Juli 1892 in congregatione generali Sanctae Romae et Universi Inquisitionis propositis suprascriptis dubiis, praehabitoque Romanorum D. D. Consultorum voti Eminentissimi ac Reverendissimi Patres Cardinales in rebus fidei et morum Generales Inquisitores respondendum mandarunt:

Ad. I Si moniti renuant, negative. Ut vero fiat aut omittatur monitio, serventur regulae a probatis auctoritatibus traditae, habita praesertim ratione scandali vitandi.

Ad II. Circa publicam Sanctae Missae applicationem negative; circa privatam affirmative.

Ad III. Nunquam licere formaliter cooperari mandato vel consilio. Tolerari autem aliquando posse materialem cooperationem, dummodo:

I. crematio non habetur pro signo protestativo massonicae sectae;

II. non aliquid in ipsa contineatur, quod per se directe atque unice exprimat reprobationem catholicae doctrinae et approbationem sectae.

III. neque constet, officiales et operarios catholicos ad opus adstringi vel vocari in contemptum catholicae religionis. Caeterum quamvis in hisce casibus relinquendi sunt in bona fide, sempertamen monendi sunt, ne cremationi cooperari intendant.

Ad IV. Provisum in praecedenti. Et detur decretum feriae IV. 15. Dec. 1886.

Der sich aus diesen Dekreten ergebende Rechtszustand ist folgender[3]): 1. Der Beitritt zu einem Feuerbestattungsverein ist dem katholischen Christen verboten. 2. Verboten ist, daß ein katholischer Christ bestimmt, sein Leichnam soll eingeäschert werden, sowie daß er die Einäscherung von Leichnamen anderer Personen vornehmen läßt. 3. Bei solchen Katholiken, die freiwillig angeordnet haben, daß ihre Leiche eingeäschert werde und bei diesem Willen

---

[3]) Vgl. Archiv f. kath. Kirchenrecht Bd. 88 S. 515.

bis zu ihrem Tode verblieben sind, ist die kirchliche Einsegnung der Leiche zu verweigern. Bei solchen Katholiken, die nicht selbst die Einäscherung angeordnet haben, sondern bei denen lediglich die Hinterbliebenen diese Bestattungsform gewählt haben, können im Hause und in der Kirche entsprechende Feiern abgehalten werden. Priesterliche Begleitung bis zu dem Orte der Einäscherung ist untersagt. Es ist jedoch hierbei bekannt zu geben, um ein öffentliches Ärgernis zu vermeiden, daß der Verstorbene nicht selbst die Einäscherung angeordnet hatte, sondern die Hinterbliebenen. 4. Den Katholiken, die die Feuerbestattung angeordnet haben, können, wenn sie trotz Abmahnung sich weigern diese Verfügung zurückzunehmen, die heiligen Sakramente nicht gespendet werden. 5. Wenn ein Katholik trotz aller Vorstellungen bis zum letzten Augenblicke darauf beharrt, daß seine Leiche eingeäschert werde, so muß der katholische Seelsorger nicht nur die rituelle Aussegnung im Hause, in der Kirche oder in der Friedhofshalle, sondern auch die Begleitung und die Feier eines öffentlichen Seelengottesdienstes ablehnen und es kann für den Verstorbenen nur privatim das heilige Meßopfer dargebracht werden. 6. In besonderen Fällen, wo Zweifel oder Schwierigkeiten entstehen, ist an das Ordinariat zu berichten und dessen Entschließung abzuwarten.

Auch die evangelische Kirche Preußens bzw. die lutherische und reformierte Kirche in den im Jahre 1866 neu erworbenen Provinzen stehen bisher der Feuerbestattung feindlich gegenüber [4])

[4]) Vgl. hierzu Beschlüsse der Eisenacher Kirchenkonferenz vom 14. Juni 1898: 1. Die Feuerbestattung ist, obschon sie keinem Gebote Gottes und keinem Artikel des christlichen Glaubens an sich widerspricht und auch in den Bekenntnissen der evangelischen Kirche nirgends verworfen wird, doch der an die heilige Schrift sich anschließenden in der christlichen Kirche allgemein bestehenden uralten Sitte und den ihr entsprechenden Ordnungen zuwider. 2. Die evangelische Kirche hat gegenüber der auf die Einführung der Feuerbestattung gerichteten als Einzelbestrebung zu charakterisierenden Bewegung für die Bewahrung der im christlichen Volks- und Gemeindebewußtsein fest gegründeten Sitte des Begräbnisses einzutreten. 3. Dementsprechend ist, nicht im Sinne christlicher Zuchtübung, sondern lediglich zum Schutze der christlichen Sitte und der geltenden Ordnung den Geistlichen die amtliche Beteiligung bei einer Feuerbestattung und allen mit ihr zusammenhängenden Feierlichkeiten nicht zu gestatten. Hierbei bleibt die Pflicht der Geistlichen bestehen, im engeren Kreise der Leidtragenden den Trost des göttlichen Wortes und des Gebetes darzubieten. 4. Feierliche Beisetzung von Urnen mit den Überresten der durch

Eine einheitliche Regelung besteht hier nicht, sondern es sind besondere Verordnungen ergangen für diejenigen Provinzen, die der Generalsynodalordnung vom 20. Januar 1876 unterstehen, und für die übrigen Provinzen. Für die ersteren erging unter dem 15. Januar 1885 folgender Erlaß des Evangelischen Oberkirchenrates [5]):

„Auf den Bericht vom 2. Dezember v. J. — 20113 —, betreffend die kirchliche Mitwirkung bei Leichenbestattungen durch Verbrennung erwidern wir dem Königlichen Konsistorium, daß wir am 24. Mai 1880 in einem ähnlichen Falle aus der Provinz Ostpreußen dahin Entscheidung getroffen haben, daß, da das Verbrennen der Leichen gegen die kirchliche Sitte verstößt, wir die Geistlichen der evangelischen Landeskirche weder für berechtigt, noch für verpflichtet erachten können, bei den Feierlichkeiten für solche Verstorbene, welche behufs Verbrennung ihrer Leichen aus der Gemeinde geführt werden, Amtshandlungen zu verrichten und dadurch jene Bestattungsart zu fördern."

Feuer bestatteten Leichen sind auf kirchlichen Begräbnisstätten als deren Bestimmung widersprechend nicht zulässig.

[5]) Die evangelische Generalsynode hat sich durch mehrfache Beschlüsse auf den Standpunkt dieser Erlasse gestellt. A. Beschluß der Generalsynode von 1897: Generalsynode erkennt mit Dank die Stellung an, welche der evangelische Oberkirchenrat in seinem Erlaß vom 15. Januar 1885 an das Brandenburger Konsistorium zu der Frage betreffend die kirchliche Mitwirkung bei Leichenbestattungen durch Verbrennung eingenommen hat, weil dadurch den Geistlichen der evangelischen Landeskirche eine bestimmte Richtschnur für ihr Verhalten gegeben worden ist, und geht über die Petitionen der Vereine für Feuerbestattung in Berlin, Breslau und Hagen i. W. zur Tagesordnung über. B. Beschluß der Generalsynode von 1903: In Erwägung, daß die vierte ordentliche Generalsynode sich bereits über die Frage der Beteiligung der Geistlichen bei Leichenfeiern, die im Zusammenhang mit einer Feuerbestattung veranstaltet werden, beschlußmäßig ausgesprochen hat und genügende Gründe, von dem damals gefaßten Beschluß abzuweichen nicht vorliegen, eine solche Abweichung vielmehr manche irre führen würde, geht Generalsynode über den betreffenden Antrag der 26. rheinischen Provinzialsynode zur Tagesordnung über. C. Beschluß der Generalsynode von 1909: Generalsynode sieht sich nicht veranlaßt, zugunsten der Feuerbestattung ihre durch frühere Beschlüsse kundgegebene Stellung zu dem durch die christliche Sitte geheiligten und im preußischen Staate allein zulässigen Brauch der Erdbestattung aufzugeben oder zu ändern. Mit Rücksicht auf die in dem Antrage der 12. sächsischen Provinzialsynode und in der Petition des Gemeindekirchenrats in Görlitz berührten Notstände überweist sie diesen Antrag und die Petition dem Evangelischen Oberkirchenrat zur Erwägung.

„Aus denselben Erwägungen ist von der Inbetrachtnahme weiterer Anordnungen in der in obigem Bericht angedeuteten Richtung Abstand zu nehmen.“

Der Erlaß besteht noch heute in vollem Umfange zu Recht. Eine Anregung der Generalsynode zur Milderung des Erlasses unter Hinweis auf vorhandene kirchliche Notstände (vgl. N. 5) ist bisher ohne Erfolg geblieben.

Für Schleswig-Holstein erging unter dem 13. Dezember 1887 folgender Erlaß des Konsistoriums [7]):

„Da die Leichenverbrennung mit der christlichen Sitte in Widerspruch steht, und diese Bestattung mit allen, was aus derselben folgt, geeignet ist, christlichen Gemütern Anstoß zu geben, auch den bestimmungsmäßigen Zweck kirchlicher Begräbnisplätze nicht entspricht, so müssen wir die Gewährung eines Grabes zur Aufnahme der Reste eines bereits durch Feuer bestatteten Leichnams auf dem Kirchhof einer evangelisch-lutherischen Kirchengemeinde für unstatthaft erklären. Auch die Aufstellung der Aschenurnen und solcher Monumente, welche auf die Leichenverbrennung Bezug nehmen, ist auf unseren Kirchhöfen nicht zu gestatten. Jede kirchliche Feier, welche an die der Sitte widersprechende Bestattung von Aschenurnen anschließt, wie Leichenpredigt, Parentation, Glockengeläute, Gesang der Chorknaben, hat zu unterbleiben. Dem gewissenhaften Ermessen der Geistlichen bleibt es jedoch anheimgestellt, in angemessener, die Öffentlichkeit ausschließender Form den Hinterbliebenen der durch Feuer Bestatteten seelsorgerischen Zuspruch zu gewähren.“

Für Hannover erging unter dem 16. Juli 1897 folgende Bekanntmachung des Königlichen Landeskonsistoriums [8]).

„Wir sehen uns veranlaßt, die Geistlichen darauf hinzuweisen, daß die sogenannte Feuerbestattung der christlichen an das neue Testament sich anschließenden Sitte widerspricht und daß die Geistlichen daher weder berechtigt noch verpflichtet sind, sich an einer Leichenfeier, die im Zusammenhang mit einer Feuerbestattung, sei es vor, während oder nach derselben veranstaltet wird, amtlich

[7]) Abgedruckt in „Chalybaeus, Schleswig-Holsteinisches Kirchenrecht.“

[8]) Abgedruckt im Amtsblatt des Königlichen Landeskonsistoriums zu Hannover. 1897 S. 17.

zu beteiligen, weil eine solche Beteiligung als eine Billigung dieser Bestattungsart aufgefaßt werden könnte."

„Ausdrücklich erinnern wir aber die Geistlichen an die ihnen auch in einem solchen Falle obliegende Pflicht, sich der Hinterbliebenen als Seelsorger anzunehmen und ihnen den Trost aus Gottes Wort nahezubringen und bemerken, daß eine im Familienkreise sich haltende Hausandacht zulässig ist, wenn diese in keinerlei Zusammenhang mit der Wegführung der Leiche steht und der Geistliche weder im Chorrock auftritt noch einen lithurgischen Akt vornimmt."

Das Königliche Konsistorium zu Cassel hat in Sachen der Feuerbestattung folgendes verfügt:

1. Erlaß vom 24. März 1887.[9])

Es ist dem Konsistorium neuerdings wiederholt die Frage vorgelegt worden, ob es dem Geistlichen zukomme, zu Feierlichkeiten für solche Verstorbene, deren entseelter Körper nicht dem Schoß der Erde übergeben, sondern verbrannt werden soll, amtlich mitzuwirken. Da die Feuerbestattung nicht nur mit der christlichen Sitte, sondern auch mit den Begräbnisvorschriften der Kirchenordnungen in Widerspruch steht, so haben wir diese Frage verneinend beantwortet, wovon wir die Herren Geistlichen des Konsistorialbezirkes zur Nachachtung in Kenntnis setzen.

2. Erlaß vom 23. November 1889[10]).

Durch die allgemeine Verfügung vom 24. März 1887 — Kirchliches Amtsblatt S. 17 — ist ausgesprochen, daß sich die Geistlichen der amtlichen Mitwirkung bei Feierlichkeiten für solche Verstorbene, deren entseelte Körper nicht dem Schoß der Erde übergeben, sondern verbrannt werden soll, zu enthalten haben.

Durch eine neuerdings ergangene Verfügung des Herrn Kultusministers ist nun eine Beschwerde zurückgewiesen, welche gegen eine bei uns nachgesuchte und abgelehnte Gestattung um

---

[9]) Abgedruckt im Amtsblatt des Königlichen Konsistoriums zu Cassel. 1887 S. 17.

[10]) Abgedruckt im Amtsblatt des Königlichen Konsistoriums zu Cassel. 1890 S. 1.

Aufstellung eines Grabdenkmals für einen in Gotha verbrannten Verstorbenen gerichtet war.

Die Verfügung hat uns zur Prüfung der Frage veranlaßt, ob überhaupt die Gewährung eines Grabes zur Aufnahme der Reste eines bereits durch Feuer bestatteten Leichnams auf einem der unserer Aufsicht unterstellten Totenhöfe zulässig sei, und wir haben dieselbe in Übereinstimmung mit anderen Kirchenregierungen aus der Erwägung verneint, daß die Aufnahme von Aschenurnen dem bestimmungsgemäßen Zweck kirchlicher Begräbnisplätze nicht entspricht.

Wir weisen die Presbyterien und Friedhofsverwaltungen hierdurch an, bei vorkommenden Fällen demgemäß zu verfahren.

3. Erlaß vom 13. März 1903[11]).

Mit bezug auf die allgemeine Verfügung vom 23. November 1889 — Kirchliches Amtsblatt vom 2. Januar 1890 S. 1 — bestimmen wir, daß die Unterbringung von Aschenurnen auf kirchlichen Begräbnisplätzen in Erbbegräbnissen — Reihengräber kommen überhaupt nicht in Frage — von der Zustimmung der zuständigen Presbyterien bzw. der Friedhofsverwaltung abhängig gemacht wird.

Die Unterbringung von Aschenurnen hat übrigens in der Stille und ohne kirchliche Feierlichkeiten zu geschehen.

Endlich ist in Sachen der Feuerbestattung seitens des Königlichen Konsistoriums zu Wiesbaden folgender Erlaß ergangen:

Erlaß vom 20. Dezember 1894.[12])

„Wir sehen uns veranlaßt, die Herren Geistlichen des Konsistorialbezirkes darauf hinzuweisen, daß die sogenannte Feuerbestattung mit der christlichen Sitte in Widerspruch steht und daß eine Beteiligung der Kirche und ihrer Diener an einer Leichenfeier, welche im Zusammenhang mit einer Feuerbestattung, sei es vor,

[11]) Abgedruckt im Amtsblatt des Königlichen Konsistoriums zu Cassel. 1903 S. 15.

[12]) Abgedruckt im Amtsblatt des Königlichen Konsistoriums zu Wiesbaden. 1894 S. 93.

während oder nach derselben veranstaltet wird, als eine Billigung dieser Art von Bestattung aufgefaßt werden müßte.

Da es nicht Aufgabe der Kirche sein kann, die christliche Sitte lockern oder durchbrechen zu helfen, außerdem auch für eine kirchliche Leichenfeier aus Anlaß einer Feuerbestattung liturgische Ordnungen nicht vorhanden sind und kirchengesetzlich erst geschaffen werden müßten, so untersagen wir den Herren Geistlichen jede amtliche Beteiligung an Leichenfeiern, welche im Zusammenhang mit einer Feuerbestattung veranstaltet werden.

Wir nehmen jedoch hierbei besondere Veranlassung, die Herren Geistlichen an ihre Pflicht zu erinnern, sich der Hinterbliebenen als Seelsorger anzunehmen und nichts zu unterlassen, was geeignet erscheint, denselben die Tröstung des Evangeliums nahezulegen. Es steht daher nichts im Wege, wenn der Geistliche in Ausübung der seelsorgerischen Tätigkeit eine Hausandacht, auch in Gegenwart der Leiche, abhält, so lange er dabei nicht im Ornate auftritt und einen liturgischen Akt vornimmt."

Übereinstimmend ist sämtlichen Erlassen das Bestreben, die Mitglieder der evangelischen Kirche davon abzuhalten, die Feuerbestattung vornehmen zu lassen und zu diesem Zwecke den Ungehorsamen mit scharfen Repressivmaßregeln entgegenzutreten. Durchweg wird bei Feuerbestattungen die kirchliche Bestattungsfeier versagt. In dem Wiesbadener Bezirk ist es gestattet, in Gegenwart der Leiche eine Hausandacht vorzunehmen, doch darf der Geistliche dabei nicht im Ornat auftreten oder einen liturgischen Akt vornehmen. Hannover gestattet ebendasselbe, verlangt jedoch, daß die Hausandacht nicht im Zusammenhang mit der Wegführung der Leiche stehe. Am schärfsten gehen die Konsistorien zu Cassel und Kiel vor. Beide versagen den Aschenurnen die Zulassung zum Friedhof. Cassel macht nur eine Ausnahme bei Erbbegräbnissen.

Da somit beide großen christlichen Kirchen der Feuerbestattung feindselig gegenüberstehen, ergibt sich die Frage: **Wo sind die Kirchen nach dem gegenwärtigen Stande der Staatsgesetze berechtigt, den Hinterbliebenen eines Eingeäscherten Schwierigkeiten zu machen?** Die Maßregeln der Kirche könnten sich auf dreierlei

Gebieten bewegen: 1. Er wird die kirchliche Bestattungsfeier verweigert. 2. Es wird ein Platz auf dem Friedhof verweigert. 3. Es wird ein Platz auf einem bestimmten Teil des Kirchhofes (Selbstmörderecke, Abteilung für ungetaufte Kinder, Platz in ungeweihter Erde) zugewiesen oder es werden anderweite Beschränkungen auf dem Kirchhofe auferlegt.

Ad 1. Verweigerung der kirchlichen Bestattungsfeier.

Die kirchliche Bestattungsfeierlichkeit besteht bei der katholischen Kirche in den vor der Bestattung gesprochenen besonderen Gebeten für den Verstorbenen (Totenvigilien) verbunden mit der missa defunctorum, in feierlichem Grabgeleite auch unter Glockenklang, Leichenrede und Trauerfeier (exsequiae), bei der evangelischen Kirche in Leichenpredigt, feierlicher Begleitung und Einsegnung der Leiche. Bei beiden Kirchen umfaßt also die Bestattungsfeier nur rein gottesdienstliche Handlungen. Darin, ob sie derartige Handlungen vornehmen oder nicht vornehmen will, ist die Kirche unbeschränkt. Die gottesdienstlichen Handlungen sind eine innere Angelegenheit der Kirche, ein Eingriff des Staates auf diesem Gebiete ist mithin unzulässig [13]). Insbesondere ist auch gegen eine Verweigerung des kirchlichen Begräbnisses nicht auf Grund des § 1 des Gesetzes vom 13. Mai 1873 betreffend die Grenzen beim Gebrauch kirchlicher Straf- und Zuchtmittel [14]) ein Vorgehen möglich. In der Versagung der kirchlichen Bestattungsfeierlichkeit liegt keine Strafe gegen die bürgerliche Ehre. Sie kennzeichnet den Verstorbenen nur als einen Menschen, der den kirchlichen Geboten nicht Folge leistete. Eine persönliche Beschimpfung liegt aber in dieser

---

[13]) § 1 ALR. II, 11. Die Begriffe der Einwohner des Staates von Gott und göttlichen Dingen, der Glaube und der innere Gottesdienst können kein Gegenstand von Zwangsgesetzen sein.

[14]) § 1. Keine Kirche oder Religionsgesellschaft ist befugt, andere Straf- oder Zuchtmittel anzudrohen, zu verhängen oder zu verkünden als solche, welche dem rein religiösen Gebiete angehören oder die Entziehung eines innerhalb der Kirche oder Religionsgemeinschaft wirkenden Rechts oder die Ausschließung aus der Kirchen- oder Religionsgesellschaft betreffen.

Straf- oder Zuchtmittel gegen Leib, Vermögen, Freiheit oder bürgerliche Ehre sind unzulässig.

Maßregel noch nicht. Es kann jemand ein sehr achtbarer Mann gewesen sein und sich doch mit seiner Kirche auf Kriegsfuß gestanden haben. Auch eine Versagung des ehrlichen Begräbnisses (vgl. § 188 ALR. II 11) [15]) findet mit der Verweigerung der kirchlichen Feierlichkeiten noch nicht statt. Unter einem unehrlichen Begräbnis ist zu verstehen eine Bestattung zwar ohne Beschimpfung des Verstorbenen, aber mit Verlust alles dessen, womit sonst das Absterben und Andenken anderer Leute von ihrem Stande und Range geehrt zu werden pflegt. Vgl. § 803 ALR. II 20, §§ 550 der Kriminal-Ordnung von 1805. Entscheidungen des Königlichen Oberverwaltungsgerichts Bd. 16 S. 390 folg., Bd. 21 S. 128 folg., Bd. 44 S. 61 folg., Bd. 51 S. 200 folg. Eine solche Bestattung liegt noch nicht vor, wenn die Kirche ihre Mitwirkung an der Bestattungsfeier verweigert. Mag selbst die Bestattungsfeier bei einem ohne kirchliche Ehren Bestatteten zurückstehen hinter der Feier eines Verstorbenen, dem die kirchlichen Ehren gewährt werden, so verbleiben seiner Ruhestätte immerhin doch alle äußeren Ehrenbezeugungen, die sonst dem Verstorbenen gewährt zu werden pflegen. Ein Einschreiten auf Grund von § 188 II 11 ALR. ist mithin ebenfalls nicht statthaft.

Demjenigen, welcher glaubt, die kirchlichen Feierlichkeiten zur Einsegnung der Leiche würden zu Unrecht verweigert, stände mithin nur die Beschwerde an die kirchliche vorgesetzte Behörde des betreffenden Geistlichen zu. Dies wäre bei katholischen Geistlichen der zuständige Bischof, bei evangelischen Geistlichen das Konsistorium.

Ad 2. Verweigerung der Zulassung zum Friedhof.

Um die Frage beantworten zu können, ob die Kirche befugt ist, den Aschenüberresten von Personen, deren Leiche verbrannt wurde, die Bestattung auf dem Friedhofe zu verweigern, bedarf es zunächst der Erörterung der Frage, ob die Hinterbliebenen des Verstorbenen ein gesetzliches Recht haben, den Friedhof zur Beisetzung

[15]) Ohne Erkenntnis des Staates soll niemandem das ehrliche Begräbnis auf dem öffentlichen Kirchhofe versagt werden.

der Aschenüberreste des Verstorbenen zu benutzen und welcher Art dieses Recht ist. Diese Frage ist verschieden zu beantworten in dem Rechtsgebiet des Allgemeinen Preußischen Landrechts, des gemeinen Rechts und des code civil.

I. Gebiet des Allgemeinen Preußischen Landrechts.

Nach § 183 ALR. II 11 sind Kirchhöfe oder Gottesäcker der Regel nach das Eigentum der Kirchengesellschaften. Als Eigentümer des Friedhofs wird hier also eine Korporation: die Kirchengesellschaft angesehen. Daraus folgt: Für die Beurteilung der Frage, welche Rechte die einzelnen Mitglieder der Kirche an dem Kirchhofe haben, greifen, soweit nicht Spezialgesetze etwas anderes bestimmen, die allgemeinen gesetzlichen Vorschriften des Korporationsrechts ein, und zwar, da die Vorschriften des Bürgerlichen Gesetzbuchs über Vereine nur für private Vereine gelten [16]), noch heute die Bestimmungen im sechsten Titel des zweiten Teiles des Allgemeinen Landrechts. Es hat nun bei einer Korporation ein jedes Mitglied das Recht auf Mitbenutzung des Korporationsvermögens, soweit dasselbe nicht ausschließlich Korporationszwecken dient, jedoch in den Grenzen, die die Satzungen der Korporation geben. Speziell bei den Kirchengesellschaften bestimmen die §§ 108, 109 ALR. II 11 [17]), daß weltliche Mitglieder der Kirche das Recht haben, sich zu ihren religiösen Handlungen der Anstalten der Kirche zu bedienen, daß sie indessen dabei den bei der Kirchengesellschaft eingeführten Ordnungen und Verfassungen sich unterwerfen müssen. Ein Kirchhof dient nicht ausschließlich den Zwecken der Kirche als solcher, sondern gerade vorwiegend den Mitgliedern der Kirchengesellschaft zum Zwecke der Bestattung der Toten. Richtig ist allerdings, daß er außerdem noch Kultuszwecken dient. Nach §§ 110, 761 ALR. II 11 [18]) liegt ferner die Unterhaltung eines Kirchhofs

[16]) Planck, Kommentar. Vorbemerkung zu §§ 21 folg.

[17]) § 108. Die weltlichen Mitglieder einer Kirchengesellschaft haben das Recht, sich der Anstalten der Gesellschaft zu ihren Religionshandlungen zu bedienen.

§ 109. Sie müssen sich aber dabei den bei dieser Gesellschaft eingeführten Ordnungen und Verfassungen unterwerfen.

[18]) § 110. So lange sie Mitglieder der Gesellschaft bleiben, müssen sie zur Unterhaltung der Kirchenanstalten nach den Verfassungen der Gesellschaft beitragen.

den Mitgliedern der Kirchengemeinde ob. Aus dem Angeführten folgt: Ein Mitglied einer Kirchengesellschaft hat ein Recht, und zwar ein klagbares Recht, sich des Friedhofes zu bedienen. Dies Recht auf Benutzung folgt aus der Mitgliedschaft, es ist ein privatrechtliches und kann auf dem ordentlichen Rechtswege geltend gemacht werden. Dies Recht auf Benutzung ist aber kein unbeschränktes, sondern jeder ist bei Benutzung des Friedhofes den Beschränkungen unterworfen, die die maßgebenden Verordnungen und Verfassungen sowie die hergebrachte Sitte statuieren. Ebenso: Entscheidg. d. Reichsgerichts in Zivilsachen Bd. 12 S. 280. Deutsche Juristenzeitung 1901 S. 163. Entscheidung des Gerichtshofes für Kompetenzkonflikte vom 2. Dezember 1905 (abgedruckt: Deutsche Juristenzeitung 1907 S. 245 und Archiv f. kath. Kirchenrecht Bd. 86 S. 369). Anderer Ansicht: Deutsche Juristenzeitung 1903 S. 480. Der § 34 des Zuständigkeitsgesetzes [19]) kommt hier nicht in Frage, denn er betrifft nur politische Gemeinden. Eine analoge Anwendung auf andere öffentlich-rechtliche Korporationen kann ohne weiteres nicht stattfinden.

Etwas anders liegt die Sache, wenn für ein Mitglied einer anderen Kirche Bestattung auf dem Friedhofe begehrt wird. Hier bestimmt § 189 ALR. II 11: „Auch die im Staat aufgenommenen Kirchengesellschaften der verschiedenen Religionsparteien dürfen einander wechselweise in Ermangelung eigener Kirchhöfe das Begräbnis nicht versagen.“ Speziell bestimmt für Westfalen die Königliche Verordnung vom 15. März 1847, „daß die im Staate aufgenommenen Kirchengesellschaften der verschiedenen Religionsparteien einander wechselweise in Ermangelung eigener Kirchhöfe ein nach dem Religionsgebrauch des Verstorbenen und unter Mitwirkung eines Geistlichen der Konfession zu feierndes Begräbnis nicht versagen dürfen“. Beide Vorschriften geben nun den Mit-

---

§ 761. Die Unterhaltung der Begräbnisplätze ist gemeine Last und liegt allen ob, die an dem Kirchhofe teilzunehmen berechtigt sind.

[19]) § 34 Zust.-Ges.: Auf Beschwerden und Einsprüche betreffend: 1. das Recht zur Mitbenutzung der öffentlichen Gemeindeanstalten sowie zur Teilnahme an den Nutzungen und Erträgen des Gemeindevermögens. 2. pp. 3. pp. beschließt der Gemeindevorstand.

Gegen den Beschluß findet die Klage im Verwaltungsstreitverfahren statt.

gliedern anderer Kirchen kein Mitgebrauchsrecht an einem fremden Kirchhof. Richtig ist ja: § 189 ALR. II 11 statuiert eine Beschränkung des kirchlichen Eigentums an einem Friedhof. Diese Beschränkung ist aber allein im öffentlichen Interesse eingeführt, um zu verhindern, daß Leichen unbestattet bleiben oder an beliebigen Stellen außerhalb eines Kirchhofes beerdigt werden. Eine private Berechtigung anderer hat der Gesetzgeber damit noch nicht einführen wollen. Es sollte dadurch der fremden Kirche nicht etwa ein Recht gegeben werden, sich des Kirchhofs der anderen Religionsgemeinschaft unter allen Umständen zu bedienen, sondern das Gesetz will im Interesse der öffentlichen Ordnung nur einen Notstand abstellen, der vorhanden ist, wenn einer Kirchengesellschaft ein eigener Friedhof fehlt [20]). Mindestens aber würde dieses angebliche private Gebrauchsrecht stets nur der Kirche als Gesamtheit zustehen, niemals aber den einzelnen Mitgliedern der Kirche, wie sich schon aus dem Wortlaut der angeführten Gesetzesstellen ergibt. Ein Mitglied einer fremden Kirchengesellschaft könnte mithin auf einem kirchlichen Friedhof nur durch eine zu erwirkende polizeiliche Verfügung Zulassung erlangen. Zuständig ist der Regierungspräsident als Inhaber der Landespolizei. Gegen die polizeiliche Verfügung stehen der von ihr betroffenen Kirchengesellschaft die ordentlichen im Landesverwaltungsgesetz gewährten Rechtsmittel der Beschwerde und der Klage im Verwaltungsstreitverfahren zu. Gegen den abweisenden Bescheid des Regierungspräsidenten wäre Beschwerde an den Oberpräsidenten gegeben.

Kann nun eine Kirchengesellschaft ohne weiteres den Aschenüberresten Verstorbener die Aufnahme auf dem Friedhof verweigern? Man hat diese Frage bejaht mit der Motivierung, die Friedhöfe seien an sich nur zur Bestattung menschlicher Leichen, nicht auch

[20]) Anderer Meinung ansch. Entscheidg. d. Reichsgerichts in Zivils. Bd. 62 S. 355, die im Anschluß an ein im Justizministerialblatt von 1854 S. 392 veröffentlichtes Urteil des Gerichtshofes zur Entscheidung von Kompetenzkonflikten die Zulässigkeit des Rechtsweges für Klagen von Kirchengemeinden gegen fremde Kirchen auf fernere Unterlassung der Bestattung Angehöriger fremder Konfessionen auf dem Kirchhof bejaht. Allerdings hatte in dem vor dem Kompetenzgerichtshof verhandelten Fall zunächst die Polizeibehörde die Aufnahme der Leiche auf dem Kirchhof der fremden Konfession verfügt.

zur Bestattung andersartiger Überreste menschlicher Körper da. Diese Ansicht ist irrig, sie ergibt sich weder aus der Bezeichnung Kirchhof, noch aus der allgemeinen Zweckbestimmung der Kirchhöfe. Maßgebend sind, wenn die Friedhofsordnung hierüber nicht Bestimmungen trifft, die allgemeinen Sitten und Gebräuche. Diese stehen heutzutage der Aufnahme von Aschenurnen nicht mehr entgegen. Ebenso: Deutsche Juristenzeitung 1902 S. 461.

Ein Recht, durch die Friedhofsordnung zu bestimmen, daß Aschenurnen auf einem kirchlichen Friedhof nicht aufgenommen werden, hat die Kirche auch heute noch, keine Bestimmung des materiellen Rechts hindert sie daran. Wenn die Feuerbestattung auch in Preußen gesetzlich zugelassen ist, so sind deshalb die Kirchen doch noch zu keinem Entgegenkommen verpflichtet. Das Gesetz über die Feuerbestattung verpflichtet die Kirchen zu nichts. Im Gegenteil weist die ministerielle Ausführungsanweisung ausdrücklich darauf hin, ob die Beisetzung von Aschenresten auf kirchlichen Erdbestattungsplätzen zulässig sei, richte sich nach den bestehenden privat- und kirchenrechtlichen Bestimmungen. Auch durch eine polizeiliche Verfügung kann den Kirchengesellschaften nicht verboten werden, in ihren Friedhofsordnungen Bestimmungen aufzunehmen, daß Aschenurnen ein Platz auf dem Kirchhof zu versagen sei. Allerdings wäre es ja ein polizeiwidriger Zustand, wenn eine Aschenurne unbeigesetzt bliebe. Das Feuerbestattungsgesetz bestimmt aber in § 3 Ziffer 4 ausdrücklich, daß bei den Krematorien Räume zur Beisetzung der Aschenüberreste vorhanden sein müssen. Dorthin wären die Angehörigen des Verstorbenen allemal zu verweisen, wenn die Aufnahme von Aschenüberresten auf einem kirchlichen Friedhof auf Grund der Bestimmungen der Friedhofsordnung verweigert wird, Ein allgemein polizeiwidriger Zustand kann also in diesem Falle gar nicht eintreten. Eine Sonderbestimmung, die ein polizeiliches Einschreiten rechtfertigt, wie in dem oben erwähnten Falle § 189 ALR, II 11 kommt hier nicht in Frage. Ein polizeiliches Einschreiten ist mithin nicht möglich.

Rechtlich wäre eine Änderung der Friedhofsordnung dahingehend, daß Aschenurnen fortan die Aufnahme auf dem Kirchhof zu versagen sei, die Einführung einer veränderten Benutzung eines

Begräbnisplatzes. Eine veränderte Benutzung von Begräbnisplätzen liegt nicht nur dann vor, wenn der Platz zu anderen Zwecken benutzt wird, sondern auch dann, wenn wesentliche Änderungen in der Benutzungsordnung erlassen werden, die einen Teil des Publikums, der bisher ein Recht zur Benutzung hatte, dieses entziehen. Zu beschließen hätte also darüber in der evangelischen Kirche der Gemeindekirchenrat. Der Beschluß bedarf der Genehmigung des Konsistoriums und der Bestätigung durch den Regierungspräsidenten [20]). Soll bei einem neu eingerichteten Kirchhofe von vornherein durch Gemeindestatut bestimmt werden, daß Aschenurnen nicht aufgenommen werden, so haben Gemeindekirchenrat und Gemeindevertretung dies zu beschließen. Der Beschluß bedarf der Anerkennung durch die Kreis- und Provinzialsynode sowie der Genehmigung des Konsistoriums [21]). Bei der katholischen Kirche ist, soweit es sich um die Einführung der veränderten Benutzung eines Begräbnisplatzes handelt, erforderlich Beschluß des Kirchenvorstandes und der Gemeindevertretung, Genehmigung der bischöflichen Aufsichtsbehörde

---

[20]) Gesetz betr. die evangelische Kirchenverfassung vom 3. Juni 1876: Art. 24. Die Beschlüsse der kirchlichen Organe bedürfen zu ihrer Gültigkeit der Genehmigung der staatlichen Aufsichtsbehörde in folgenden Fällen: 1.—5. pp. 6. Bei der Anlegung oder veränderten Benutzung von Begräbnisplätzen.

Verordnung vom 9. September 1876. Art. 1. Die Rechte des Staates werden von dem Minister der geistlichen Angelegenheiten ausgeübt: 1.—4. pp. 5. Bei der Anlegung von Begräbnisplätzen Art. 3. Die Rechte des Staates werden durch den Regierungspräsidenten, in der Haupt- und Residenzstadt Berlin durch den Polizeipräsidenten ausgeübt: 1.—3. pp. 4. In den Fällen der Art. 3, 4, 7, 17, Abs. 6 der Art. 24 und 27 des Gesetzes vom 3. Juni 1876, so weit nicht in den Art. 1 und 2 dieser Verordnung die Ausübung der Rechte dem Minister der geistlichen Angelegenheiten oder dem Oberpräsidenten übertragen ist. Vgl. auch Note 42.

Verwaltunsordnung für das kirchliche Vermögen in den östlichen Provinzen vom 15. März 1886: § 30 (Schlußsatz). Zur Schließung und veränderten Benutzung von Begräbnisplätzen bedarf es der Genehmigung des Konsistoriums bzw. der Staatsbehörde.

[21]) Kirchengemeinde- und Synodalordnung vom 10. September 1873. § 31. In folgenden Angelegenheiten bedarf der Gemeindekirchenrat der beschließenden Mitwirkung der Gemeindevertretung: 1.—10. pp. 11. bei der Errichtung von Gemeindestatuten.

§ 46 Abs. 3. Zur Festsetzung statutarischer Ordnungen bedarf es der Zustimmung durch die Gemeindevertretung, der Prüfung durch die Kreis- und Provinzialsynode, der Anerkennung der letzteren, daß die entworfene Bestimmung zweckmäßig und wesentlichen Vorschriften der Kirchenordnung nicht zuwider sei, und der abschließenden Genehmigung des Konsistoriums.

und staatliche Bestätigung durch den Regierungspräsidenten [22]) bzw. den Oberpräsidenten.

Zur Errichtung lokaler Gemeindestatuten hat, die katholische Kirchengemeinde indessen kein Recht. Da nun sowohl eine Änderung der Friedhofsordnung wie die Einführung einer Benutzungsordnung eines neuen Friedhofs nur durch Lokalstatut erfolgen könnte, die Einführung von Lokalstatuten aber nicht der Gemeinde, sondern nur der bischöflichen Aufsichtsbehörde zusteht, so kommt die Sache darauf hinaus: A. Bei der Änderung schon bestehender Friedhofsordnungen ist erforderlich Beschluß des Kirchenvorstandes und der Gemeindevertretung, darauf Erlaß des betreffenden Statutes durch die bischöfliche Behörde und staatliche Genehmigung seitens des Regierungspräsidenten oder Oberpräsidenten. B. Der Erlaß einer Friedhofsordnung für einen neuen Friedhof erfolgt durch Verfügung der bischöflichen Behörde.

Besonderheiten ergeben sich bei Erbbegräbnissen. Rechtlich ist der sogenannte Kauf eines Erbbegräbnisses ein rein privatrechtliches Rechtsgeschäft. Er gewährt dem Erwerber einen privat-

---

[22]) Gesetz über die Vermögensverwaltung in den katholischen Kirchengemeinden vom 20. Juni 1875: § 50. Die Beschlüsse des Kirchenvorstandes und der Gemeindevertretung bedürfen zu ihrer Gültigkeit der Genehmigung der staatlichen Aufsichtsbehörde in folgenden Fällen: 1.—4. pp. 5. Bei der Anlegung oder veränderten Benutzung von Begräbnisplätzen. — Hierzu: Verordnung vom 27. September 1875 Artikel 1. Die in den §§ 48, 50—52, 53, und 54 des Gesetzes vom 20. Juni 1875 angegebenen Aufsichtsrechte des Staates werden ausgeübt: 1. von dem Minister der geistlichen Angelegenheiten: 1. pp. .. bei der Anlegung von Begräbnisplätzen. 3. von dem Regierungspräsidenten (Landdrosten) in den übrigen Fällen des § 50 owie in den Fällen des § 48 und der §§ 51—54.

Gesetz vom 7. Juni 1876 über die Aufsichtsrechte des Staates bei der Vermögensverwaltung in den katholischen Diözesen. § 2. Die verwaltenden Organe bedürfen der Genehmigung der staatlichen Aufsichtsbehörde in nachstehenden Fällen: 1.—5. pp. 6. zu der Anlegung oder veränderten Benutzung von Begräbnisplätzen. Hierzu: Verordnung vom 29. September 1876 Art. 1. Die in den §§ 2 bis 5, 7 und 8 des Gesetzes über die Aufsichtsrechte des Staates bei der Vermögensverwaltung in den katholischen Diözesen vom 7. Juni 1876 angegebenen Aufsichtsrechte des Staates werden ausgeübt: 1. von dem Minister der geistlichen Angelegenheiten und zwar soweit das Ressort des Ministers des Innern beteiligt ist, unter Zuziehung des letzteren: pp. . . . bei der Anlegung von Begräbnisplätzen. 2. 3. pp. 4 von dem Oberpräsidenten: in den übrigen Fällen der §§ 2, 4 und 7 sowie in den Fällen der §§ 3, 5 und 8.

rechtlichen Rechtsanspruch auf Benutzung der von ihm angekauften Stelle zum Zwecke der Unterbringung von Überresten bestimmter ausdrücklich benannter Personen oder von Mitgliedern einer bestimmten Familie. Dies Nutzungsrecht ist aber begrenzt durch die öffentlich-rechtlichen Normen des Beerdigungsrechts, insbesondere durch die Friedhofsordnung sowie auch durch die allgemeinen hergebrachten Sitten und Gebräuche. Entscheidg. d. Reichsgerichts in Zivilsachen Bd. 12 S. 280. Daraus folgt: Klagen solcher Personen, die die Zulassung von Aschenurnen zum Friedhof begehren, weil für den Verstorbenen bereits eine Grabstelle gekauft sei oder ein Platz in einem Erbbegräbnis, sind auf dem ordentlichen Rechtswege geltend zu machen. Nun gehen die herrschenden Sitten und Gebräuche zurzeit nicht mehr dahin, daß der Kirchhof nur für die Bergung menschlicher Leichen da sei und nicht auch für die Bergung von Aschenurnen. Vgl. auch Deutsche Juristenzeitung 1902 S. 461. Der Käufer eines Erbbegräbnisses bzw. dessen Erben wären daher nicht behindert, Aschenurnen auf dem Erbbegräbnis aufzustellen, vorausgesetzt, daß es sich um dieselbe Person handelt, für die die Stelle gekauft ist, sofern nicht die Friedhofsordnung dies verbietet oder aber der abgeschlossene Kaufvertrag eine solche Benutzung ausschließt. Eine nach Abschluß des Kaufes erlassene Änderung der Friedhofsordnung dahingehend, daß Aschenurnen fortan nicht mehr aufzunehmen seien, wäre gegenüber den bereits vorhandenen Inhabern von Erbbegräbnisstellen bedeutungslos, da die Kirchenbehörden nicht in vorhandene wohlerworbene Rechte eingreifen können. Wirksamkeit hätte eine solche Maßregel nur dann, wenn sich der Käufer im voraus allen später einzuführenden Änderungen der Friedhofsordnung unterworfen hat.

II. Gebiet des gemeinen Rechts.

Für das Gebiet des gemeinen Rechts existieren besondere partikularrechtliche Normen darüber, wer Eigentümer der kirchlichen Friedhöfe sei, nicht. Nur kennt das schleswig-holsteinische Recht keine kommunalen Friedhöfe, während in Nassau der Grundsatz gilt, daß die Friedhöfe in der Regel den politischen Gemeinden gehören und nur die älteren Friedhöfe, die um die Kirche herumliegen-

Eigentum der Kirche sind [23]). Es gelten somit darüber, wer als Eigentümer der kirchlichen Friedhöfe anzusehen ist, die allgemeinen Grundsätze des gemeinen Rechts. Hier ist nun die Rechtslage folgende: Noch das römische Recht behandelte die Kirchhöfe ebenso wie alles andere Kirchenvermögen als Korporationsgut [24]). Das kanonische Recht ging von vornherein von dem Bestreben aus, die Rechte der einzelnen Kirchenmitglieder am Kirchenvermögen möglichst zu beschneiden. Es erklärte daher das Kirchenvermögen für Anstaltsgut, gewidmet liturgischen und gottesdienstlichen Zwecken [25]). Dies ist durchweg auch die Auffassung des gemeinen Rechts [26]). Der Kirchhof wird in der Regel als Pertinenz der Kirche angesehen, von ihm gilt daher dasselbe wie von dem übrigen Kirchenvermögen [27]).

---

[23]) Wilhelmi, Kirchenrecht im Amtsbezirk des Konsistoriums zu Wiesbaden Bd. 2, S. 308.

[24]) C. 1. Cod. Theodos. 5,3. Si quis episcopus aut presbyter aut diaconus aut diaconissa aut subdiaconus vel cuiuslibet alterius loci clericus aut monachus aut mulier, quae solitariae vitae dedita est, nullo condito testamento decesserit, nec ei parentes utriusque sexus vel liberi vel si qui agnationis cognationisve iure iunguntur vel uxor extiterit, bona quae ad eum pertinuerint, sacrosanctae ecclesiae vel monasterio cui fuerat destinatus, omnifariam socientur.

l. 25. C. 1,2. Si quidem Dominum nostrum Jesum Christum scripserit heredem . . . . directis verbis videri sacrosanctam ecclesiam ipsius civitatis vel vici vel agri, in quo defunctus morabatur, heredem institutam eamque heriditatem ex asse a religiosissimis eiusdem oeconomis exigi vel ex parte, pro qua heres scripta est.

[25]) c. 12 X 3, 25. 1. Investigandum est si nihil patrimonii habens presbyter, quando promotus est ad ecclesiasticum ordinem, postea emerit praedia, cuius iuris sint, quoniam ecclesiae ad quam nihil habens promotus est, esse debent iuxta canonicam autoritatem.

2. Presbyter, quum dioecesim tenet, de eis, quae superemerit, ad ipsius ecclesiae nomen scripturam faciat aut ab eius quam tenuit ecclesiae ordinatione discedat.

[26]) Friedberg, Kirchenrecht § 175. v. Schulte, Kirchenrecht § 195. Saegmüller, katholisches Kirchenrecht § 194.

[27]) c. un. in VI/. 3, 21. Si ecclesiam pollui sanguinis aut seminis effusione contingat: ipsius coemeterium, si contiguum sit eidem, censetur esse pollutum. Unde antequam reconciliatum fuerit, non debet ab eo aliquis sepeliri; secus si remotum fuerit ab eadem. Non sic quoque in casu converso sentimus, ut videlicet polluto coemeterio, quamvis ecclesiae contiguo debeat ecclesia reputari polluta, ne minus dignum maius, aut accessorium principale ad se trahere videatur. Non unum, sed plura coemeteria esse noscuntur,

Aus der rechtlichen Konstruktion des Kirchenvermögens als Anstaltsvermögen folgt, daß die einzelnen Mitglieder der Kirche keinen Privatrechtsanspruch auf Mitbenutzung desselben haben. Die Beziehungen zwischen der Anstaltsperson und den ihr angegliederten Personen sind sozialrechtlich und gehören dem öffentlichen Recht an, nicht aber privatrechtlich [28]). Eine zivilrechtliche Klage auf Grund der Mitgliedschaft an der Kirche würde an dem Umstande scheitern, daß die einzelnen Mitglieder der Kirche nicht Mitglieder der kirchlichen Anstalten sind. Die Anstaltsperson hat überhaupt keine Mitglieder. Die einzelnen Kirchenmitglieder haben nur kraft öffentlichen Rechts zur Unterhaltung der kirchlichen Anstalten beizutragen. Auch die Frage, ob das einzelne Mitglied der Kirche einen zivilrechtlichen Anspruch auf zweckentsprechende Verwaltung des Kirchhofes hat, weil es zu dessen Unterhaltung beiträgt, ist zu verneinen. Aus der Erfüllung der öffentlich-rechtlichen Pflicht zum Unterhalt der kirchlichen Anstalten beizutragen folgt noch kein zivilrechtlicher Anspruch gegen die Verwalter der kirchlichen Anstalten auf bestimmungsmäßige Verwaltung. Weder allgemeine Rechtsgrundsätze noch die Vorschriften des positiven Rechts ergeben einen solchen Privatrechtsanspruch. Die Verwalter des Kirchenvermögens sind aber trotzdem nicht souverän in ihren Maßnahmen, sondern sie haben die einzelnen Sachen, also auch den Kirchhof, ihrer Bestimmung entsprechend zu verwalten. Hierzu können sie angehalten werden von ihrer vorgesetzten Behörde und dann auch von der staatlichen Aufsichtsbehörde. Seiner Bestimmung nach ist der Kirchhof da, um die Überreste verstorbener Personen aufzunehmen. Eine Einschränkung, daß die Überreste eine bestimmte Eigenschaft haben müssen, kennt weder das Gesetz noch das Gewohnheitsrecht. Im Gegenteil geht die herrschende Sitte dahin, Aschenüberreste gleichartig mit dem menschlichen Leichnam zu behandeln. Vgl. Deutsche Juristenzeitung 1902 S. 461. Die kirchlichen oder staatlichen Aufsichtsbehörden

---

quae, quamvis sibi cohaerentia, parietate tamen medio sejunguntur. Ideoque violato eorum altero, alterum licet de uno ad aliud per portam intermediam habeatur accessus, non propter hoc reputabitur violatum.

[28]) Gierke, Deutsches Privatrecht. § 77.

wären daher in der Lage, im Zweifel von den Kirchhofsverwaltungen die Aufnahme von Aschenurnen zu verlangen. Sie sind nach dem gegenwärtigen Rechtszustand auch verpflichtet, wenn sie darum angerufen werden, ein solches Verlangen zu stellen, denn es steht nicht in ihrem Belieben, sondern es ist ihre Pflicht, darüber zu wachen, daß der Kirchhof bestimmungsgemäß verwaltet werde.

Nun haben in Schleswig-Holstein und im Bezirk des Konsistoriums zu Cassel die kirchlichen Behörden selbst die Aufnahme von Aschenurnen auf den Friedhöfen verboten, in Kurhessen allerdings nur, soweit nicht Erbbegräbnisse in Frage kommen. Es fragt sich, wie es mit der Gültigkeit dieses Verbotes steht. Meines Erachtens ist das Verbot so, wie es ausgesprochen ist, nicht haltbar. Die Verwaltung der Kirchhöfe ist nicht eine rein kirchliche Angelegenheit, sie gehört insbesondere nicht der inneren kirchlichen Ordnung an, deren Regelung allein der Kirche zusteht. Vgl. Entscheidung des Oberverwaltungsgerichts Bd. 21 S. 128. Es kann aber auf Gebieten, die in das bürgerliche Leben übergreifen, die Kirchenbehörde keinerlei Recht setzen. Insbesondere kann sie nicht unter Bezugnahme auf ihre Dienstaufsichtsgewalt durch Anweisungen an die ihr unterstellten Behörden Kirchengesetze erlassen, wo die Voraussetzungen für das Zustandekommen von Kirchengesetzen genau anderweit gesetzlich geregelt sind. Die kirchlichen Anstalten als Eigentümer der Friedhöfe sind indessen auch nach gemeinem Recht sehr wohl befugt, durch zu erlassende Friedhofsordnungen die Aufnahme von Aschenurnen abzulehnen. Kein Gesetz verbietet ihnen derartige Statuten zu erlassen. Die Erlasse der Konsistorien zu Kiel und Cassel können daher höchstens die rechtliche Wirksamkeit haben, daß durch sie kraft der Dienstaufsichtsgewalt den ihnen unterstellten Behörden der Befehl gegeben wird, in ihren Friedhofsordnungen die Vorschrift aufzunehmen, Aschenurnen würden auf den kirchlichen Friedhöfen nicht mehr zugelassen. Zu weitergehenden Eingriffen sind die kirchlichen Aufsichtsbehörden nicht befugt. Die Rechtsanschauung der Erlasse, die Aufnahme von Aschenurnen sei mit der Zweckbestimmung der Kirchhöfe nicht vereinbar, ist, wie bei reits erwähnt, nach heutigem Recht nicht mehr haltbar. Vgl. Deutsche Juristenzeitung 1901 S. 163, 1902 S. 461.

Die Bestimmung, Aschenurnen seien auf den kirchlichen Friedhöfen nicht mehr aufzunehmen, müßte für eine einzelne Gemeinde eventuell durch Lokalstatut eingeführt werden. Soll dies für bereits vorhandene Friedhöfe eingeführt werden, so wird damit gleichzeitig die veränderte Benutzung eines Begräbnisplatzes eingeführt und es sind die für die Einführung einer solchen erlassenen besonderen gesetzlichen Vorschriften zu beachten. Lokalstatuten werden in Schleswig-Holstein erlassen durch Beschluß des Kirchenvorstandes und des Kirchenkollegiums, sie bedürfen der Genehmigung des Probsteisynodalausschusses [29]. Handelt es sich um die veränderte Benutzung eines schon vorhandenen Begräbnisplatzes, so ist Genehmigung des Regierungspräsidenten außerdem erforderlich [30]. In Hannover wäre erforderlich Beschluß des Kirchenvorstandes und der Gemeindevertretung sowie Genehmigung des Konsistoriums [31],

---

[29]) Bekanntmachung des Ministers für das Herzogtum Schleswig vom 29. November 1852 § 10. Zum Erlaß von Regulativen für Begräbnisplätze und Kirchenstände pp. . . . . . werden die Kirchenvisitatoren autorisiert.

Verfügung des Ministeriums für das Herzogtum Holstein und Lauenburg vom 18. März 1856: Es sollen die nachbenannten . . . . Geschäfte künftighin bis auf weiteres . . . . den beikommenden Kirchenvisitatoren übertragen sein, als nämlich: 1—6 pp. 7. Die Erlassung von Regulativen für die Benutzung der Kichhöfe und Kirchenstände.

Kirchengemeinde- und Synodalordnung für Schleswig-Holstein vom 4. November 1876: § 52. Die beschließende Mitwirkung des Kirchenkollegiums muß eintreten: 1.—12. pp. 13. bei der Errichtung lokaler Gemeindestatuten. Die Beschlüsse des Kirchenkollegiums nach Maßgabe der Ziffern . . . . 13 . . . bedürfen der Genehmigung der Kirchenregierung.

Erlaß des Ministers der geistlichen Angelegenheiten vom 28. Juni 1879: Zur Ausführung des § 52 der Kirchengemeinde- und Synodalordnung für die evangelisch-lutherische Kirche der Provinz Schleswig-Holstein vom 4. November 1876 bestimme ich in Beziehung auf die Wahrnehmung der Zuständigkeiten der kirchlichen Aufsichtsbehörden auf Grund der Allerhöchsten Erlasse vom 4. November 1876 und 7. November 1877 hierdurch das Nachstehende: Art. III. Für alle sonstigen Beschlüsse der Kirchenkollegien auf dem Gebiete der kirchlichen Vermögensverwaltung, soweit dieselben überhaupt einer kirchenregimentlichen Genehmigung bedürfen, ist der Ausschuß der Probsteisynode das zuständige Organ.

[30]) Gesetz vom 6. April 1878 Art. 32. Die Beschlüsse der kirchlichen Organe bedürfen zu ihrer Gültigkeit der Genehmigung der staatlichen Aufsichtsbehörde in folgenden Fällen: 1.—6. pp. 7. Bei der Anlegung oder veränderten Benutzung von Begräbnisplätzen. Hierzu: Verordnung vom 19. August 1878 Artikel I, Artikel III Ziffer 7, inhaltlich gleichlautend mit der in Note 20 angeführten Verordnung vom 20. September 1876.

[31]) Verordnung vom 20. Oktober 1864 § 1. Kirchengemeinde und Synodal-

bei der Einführung von Veränderungen in der Benutzung der bisherigen Begräbnisplätze auch Genehmigung des Regierungspräsidenten [32]). Im Gebiet des ehemaligen Kurfürstentums Hessen ist erforderlich Beschluß des Presbyteriums und Genehmigung des Konsistoriums [33]). Sofern es sich um die Einführung einer veränderten Benutzung bereits bestehender Friedhöfe handelt, ist außerdem erforderlich Genehmigung des Regierungspräsidenten [34]).

---

ordnung für die reformierte Kirche vom 12. April 1882 § 34. Die beschließende Mitwirkung der Gemeindevertretung muß eintreten: 1.—10. pp. 11. bei der Errichtung von Gemeindestatuten. Verordnung vom 10. September 1885 § 1. Zu den Beschlüssen der Kirchengemeinden ist die Zustimmung der kirchlichen Oberen in folgenden Fällen erforderlich: 1.—6. pp. 7. bei der Anlegung oder Aufhebung kirchlicher Begräbnisplätze sowie bei der Aufstellung von Bestimmungen über die Benutzung derselben. Vgl. ferner § 3.

[32]) Gesetz vom 6. Mai 1885. § 3. Die Beschlüsse der kirchlichen Organe bedürfen der Genehmigung der staatlichen Aufsichtsbehörde in folgenden Fällen: 1.—6. pp. 7. bei Anlegung oder veränderter Benutzung von Begräbnisplätzen. Hierzu Verordnung vom 24. Juni 1885 Art. I Ziffer 4, Art. III inhaltlich gleichlautend mit der in Note 20 angeführten Verordnung vom 20. September 1876. Gesetz vom 6. August 1883 Art. 21. Die Beschlüsse der Kirchenorgane bedürfen zu ihrer Gültigkeit der Genehmigung der staatlichen Aufsichtsbehörde in folgenden Fällen: 1. –5. pp. 6. bei der Anlegung oder veränderten Benutzung von Begräbnisplätzen. Hierzu Verordnung vom 25. Juli 1884 Art. I Ziffer 4, Artikel III Ziffer 6, inhaltlich gleichlautend mit der in Note 20 angeführten Verordnung vom 20. September 1876.

[33]) Presbyterial- und Synodalordnung vom 16. Dezember 1885: § 14 1—12 pp. 13. Dem Presbyterium steht, wo nicht besondere Friedhofsverwaltungen eingerichtet sind, die Verwaltung und Beaufsichtigung der kirchlichen Totenhöfe zu. Hierzu Erlaß des Ministers der geistlichen Angelegenheiten vom 5. Juli 1887: Zu den Beschlüssen der kirchlichen Gemeindeorgane ist die Zustimmung der kirchlichen Aufsichtsbehörde in folgenden Fällen einzuholen: 1.—9. pp. 10. bei der Anlegung oder der Aufhebung kirchlicher Begräbnisplätze oder der Aufstellung von Bestimmungen über die Benutzung derselben. — Verordnung vom 22. November 1887 § 64. Zur Anlegung oder Aufhebung kirchlicher Begräbnisplätze oder der Aufstellung von Bestimmungen über die Benutzung derselben ist die Zustimmung der kirchlichen Aufsichtsbehörden, und zwar bei der Anlegung von Begräbnisplätzen die Genehmigung des Ministers der geistlichen Aneglegenheiten erforderlich und ist zu dem Ende in allen solchen Fällen dem Konsistorium Vorlage zu machen.

[34]) Gesetz vom 19. März 1886 Artikel 18. Die Beschlüsse der kirchlichen Organe bedürfen zu ihrer Gültigkeit der Genehmigung der staatlichen Aufsichtsbehörde in folgenden Fällen: 1.—5. pp. 6. bei der Anlegung oder veränderten Benutzung von Begräbnisplätzen. Hierzu Verordnung vom 10. Januar 1887 Art. I Ziffer 4, Art. III Ziffer 4, inhaltlich gleichlautend mit der in Note 20 angeführten Verordnung vom 20. September 1876.

Im Gebiet des Konsistoriums zu Wiesbaden ist zur Errichtung von Lokalstatuten nötig Beschluß des Kirchenvorstandes und der Gemeindevertretung, Bestätigung der Kreissynode und Genehmigung des Konsistoriums [35]), bei der Einführung einer veränderten Benutzung von bereits bestehenden Begräbnisplätzen außerdem Genehmigung des Regierungspräsidenten [36]). Im Gebiet der in der Nähe von Frankfurt am Main belegenen Gemeinden Bornheim, Oberried, Niederried, Bonames, Niederursel und Hausen erfolgt der Erlaß von Friedhofsordnungen durch Kirchenvorstand und Gemeindevertretung [37]). Bei Einführung einer veränderten Benutzungsordnung bereits bestehender Friedhöfe ist außerdem die Genehmigung des Regierungspräsidenten einzuholen [38]). In denjenigen Teilen der Rheinprovinz, wo gemeines Recht gilt, und im Regierungsbezirk Stralsund unterliegt der Erlaß einer Friedhofsordnung, durch die die Aufnahme von Aschenurnen auf einem kirchlichen Friedhof verweigert wird, denselben Voraussetzungen wie im Gebiete des Allgemeinen Landrechts, da auch dort die in Note 20 und 21 angeführten Gesetze und Verordnungen gelten. Für die katholische Kirche gelten auch im Gebiet des gemeinen Rechts die in Note 22 angeführten Gesetze und Verordnungen.

Die Möglichkeit, mit Hilfe einer polizeilichen Verfügung aus

---

[35]) Gesetz vom 4. Juli 1877 § 33. Die beschließende Mitwirkung der Gemeindevertretung muß eintreten: 1.—10. pp. 11. bei der Errichtung von Gemeindestatuten. § 62. Der Wirkungskreis der Kreissynode umfaßt nachstehende Befugnisse und Obliegenheiten: 1.—8. pp. 9. Die Prüfung statutarischer Ordnungen der Gemeinden. Vgl. auch Verordnung vom 10. September 1867.

[36]) Vgl. die in Note 30 angeführten Bestimmungen. Dieselben gelten auch im Gebiete des ehemaligen Herzogtums Nassau.

[37]) Kirchengemeindeordnung für die evangelisch-lutherischen Gemeinden Bornheim, Oberried, Niederried, Bonames, Niederursel und Hausen vom 11. März 1889 §10 1.—12. pp. 13. Dem Kirchenvorstand steht die Verwaltung und Beaufsichtigung der kirchlichen Totenhöfe zu. § 18. Die beschließende Mitwirkung der Gemeindevertretung muß eintreten: 1.—.10 pp. 11. bei der Errichtung lokaler Gemeindestatuten.

[38]) Gesetz vom 2. Juni 1890 Artikel 5. Die Beschlüsse der Kirchengemeinden bedürfen zu ihrer Gültigkeit der Genehmigung der staatlichen Aufsichtsbehörde in folgenden Fällen: 1.—4. pp. 5. bei der Anlegung oder veränderten Benutzung von Begräbnisplätzen. — Hierzu Verordnung vom 13. Januar 1891 Artikel 1, Ziffer 4, Artikel 2 Ziffer 3, inhaltlich gleichlautend mit der in Note 20 angeführten Verordnung vom 20. September 1876.

Gründen der allgemeinen Sicherheit und Ordnung die Aufnahme von Aschenüberresten auf einem kirchlichen Friedhof zu erlangen, ist auch für das Gebiet des gemeinen Rechts nicht gegeben. Es gelten hier dieselben Rechtsgrundsätze wie im Gebiete des Allgemeinen Landrechts, für das Gebiet des ehemaligen Königreichs Hannover noch außerdem die spezielle Bestimmung, daß keine Leiche unbeerdigt bleiben darf und daß Beerdigungen außerhalb der Friedhöfe unstatthaft sind. Dennoch ist die Möglichkeit, mittels einer polizeilichen Verfügung die Aufnahme von Aschenurnen auf einem kirchlichen Friedhof zu erzwingen, auch für das Gebiet des gemeinen Rechts nicht gegeben, weil durch § 3 Ziffer 4 des Feuerbestattungsgesetzes die Möglichkeit ausgeschlossen ist, daß ein polizeiwidriger Zustand eintritt.

Für die Inhaber von Erbbegräbnissen oder im voraus gekauften Grabstellen gelten auch im Gebiete des gemeinen Rechts dieselben Rechtsgrundsätze wie im Gebiet des Allgemeinen Landrechts. Der Kauf eines Erbbegräbnisses oder einer Grabstelle gibt einen zivilrechtlichen Titel zur Benutzung, der allerdings durch öffentlich-rechtliche Normen von vornherein Beschränkungen unterliegt[38a]). Der Käufer hat daher einen im Wege des ordentlichen Zivilprozesses verfolgbaren Anspruch auf Zulassung seiner dereinstigen Überreste zum Kirchhof. Es kann auf diesem Wege auch die Aufnahme der Aschenurne mit den Aschenüberresten des Betreffenden gefordert werden. Ausgenommen ist natürlich der Fall, wo durch den Kaufvertrag oder die Friedhofsordnung von vornherein die Benutzung des Erbbegräbnisses zum Zwecke der Beisetzung von Aschenurnen ausgeschlossen ist oder wo der Käufer sich von vornherein auch den später etwa erlassenen Änderungen der Friedhofsordnung unterworfen hat und wo eine spätere Änderung eine solche Bestimmung enthält.

III. Gebiet des code civil.

Der code civil enthält nur rein privatrechtliche Vorschriften und läßt das öffentliche Recht gänzlich unberührt, mit ihm auch das

[38a]) Anderer Meinung ohne Angabe von Gründen für Kurhessen: Büff, Kurhessisches Kirchenrecht § 213.

Recht der öffentlichen Korporationen und Anstalten. Für das öffentliche Recht, also auch für das Kirchenrecht gelten mithin hier die Vorschriften des gemeinen Rechts weiter, so weit sie nicht durch partikularrechtliche Bestimmungen abgeändert worden sind. Letzteres ist auf dem rechtsrheinischen Gebiete nicht der Fall. Hier gilt mithin heute noch vollständig gemeines Recht. Links des Rheines sind durch die Gesetzgebung der französischen Revolution die Kirchengüter sämtlich säkularisiert worden [39]), unter ihnen auch die Kirchhöfe. Diese sind allgemein nicht der Kirche wieder zurückgegeben worden, befinden sich vielmehr jetzt in der Regel im Eigentum der Kommunen. Vgl. die Entscheidungen des Rheinischen Kassationshofes im „Rheinischen Archiv Bd. 50 2 A S. 69 und Bd. 56 2 A S. 87" sowie Entscheidungen des Reichsgerichts in Zivilsachen Bd. 14 S. 305 [40]). Das französische Gesetz vom 23. Prairial XII legt auch allgemein den Kommunen die Verpflichtung auf, für Kirchhöfe zu sorgen [41]). Hiermit ist den Kirchen jedoch die Einrichtung eigener Friedhöfe nicht versagt. Darüber, wem dieselben gehören, ob sie Korporations- oder Anstaltsvermögen sind, existieren besondere gesetzliche Vorschriften nicht. Es wird daher im einzelnen Falle der Inhalt des Erwerbsaktes ausschlaggebend sein. Es kommt eben darauf an, war der Erwerber die Kirchengemeinde als solche oder die kirchliche Anstalt. Im Zweifel wird man sich für Anstaltseigentum entscheiden müssen, da die Auffassungen der Kirchen sich jedenfalls in

---

[39]) Konstitution vom 3./14. September 1791: f. S. 107.

Les biens, destinés aux dépenses du culte et à tous services d'utilité publique, appartiennent à la nation et sont dans tous les temps à leur disposition.

Konkordat v. 26. Messidor des Jahres IX Art. 12: Toutes les églises . . . . nécessaires au culte, seront remises à la disposition des évêques.

[40]) Anderer Meinung anscheinend: Archiv für katholisches Kirchenrecht. Bd. 9 S. 279.

[41]) Art. 7. Les communes, qui seront obligés en vertu des articles 1 et 2 du titre I d'abandonner les cimetières actuels et de s'en procurer de nouveaux hors de l'enceinte de leur habitations, pourront sans autre autorisation que celle qui leur est accordée par la déclaration du 10 mars 1776, acquérir les terrains qui leur seront nécessaires en remplissant les formes volues par l'arrêté du 7 germinal an IX.

dieser Richtung hin bewegen. Ist nun der kirchliche Friedhof Anstaltseigentum, so ist auch im Gebiete des rheinischen Rechts keine zivilrechtliche Klage gegeben, sondern höchstens Beschwerde an die Aufsichtsbehörde. Ist der kirchliche Friedhof Korporationseigentum, so ist eine zivilrechtliche Klage auf Zulassung einer Aschenurne zum Friedhof möglich. Ein Recht, ohne weiteres Aschenurnen vom Friedhof zurückzuweisen, ist auch nach rheinischem Recht weder durch Gesetz noch durch Gewohnheitsrecht gegeben. Möglich ist dagegen auch hier, durch eine Friedhofsordnung die Aufnahme von Aschenurnen auf einem Friedhofe zu untersagen. Der Erlaß einer Friedhofsordnung dieses Inhalts bedarf der Zustimmung der Gemeindevertretung sowie der Kreissynode, der Provinzialsynode und des Konsistoriums nach näherer Bestimmung des Gesetzes [42]). Für die katholische Kirche gelten hierüber die in Note 22 angeführten Gesetze und Verordnungen. Ein Einschreiten mittels polizeilicher Verfügung ist nach dem Inkrafttreten des Feuerbestattungsgesetzes mit Rücksicht auf § 3 Ziffer 4 dieses Gesetzes auch für das Gebiet des rheinischen Rechts nicht haltbar. Die Rechtsverhältnisse liegen hier genau so wie in den anderen Rechtsgebieten. Gegen die Möglichkeit einer polizeilichen Verfügung aus allgemeinen Rechtsgründen spricht auf den linksrheinischen Gebieten noch der Umstand, daß nach Artikel 14 des Gesetzes vom 23. Prairial XII sich jeder auf seinem eigenen Grund und Boden begraben lassen kann [43]). Ein polizeiwidriger Zustand liegt also unter allen Umständen noch nicht vor, wenn jemand auf

---

[42]) Rheinisch-Westfälische Kirchenordnung § 33 b. Bestehen in einer Gemeinde herkömmlich besondere die Kirchenordnung ergänzende, näher bestimmende oder modifizierende Einrichtungen, deren Anerkennung sie wünscht, oder fühlt sie sonst das Bedürfnis, neue eigentümliche Einrichtungen zu treffen, so können solche zu einer statutarischen Bestimmung oder, insofern sie Gemeindeangelegenheiten im ganzen betreffen, zu einem förmlichen Gemeindestatut zusammengefaßt werden. Es ist deshalb nach Vorberatung und auf Antrag des Presbyteriums ein Beschluß der Gemeinde oder ihrer Vertreter zu fassen und für denselben nach vorgängiger Begutachtung durch die Kreissynode die Anerkennung der Provinzialsynode, daß die statutarische Bestimmung zweckmäßig und wesentlichen Bestimmungen der Kirchenordnung nicht zuwider sei, sowie die schließliche Bestätigung des Konsistoriums nachzusuchen.

[43]) Art. 14. Toute personne pourra être enterré sur sa propriété pourvu que la dite propriété soit hors et à la distance prescrite de l'enceinte des villes et bourgs.

einem kirchlichen Friedhof keine Aufnahme findet. Bei Erbbegräbnissen gilt ebenfalls das gleiche wie im Gebiete des Allgemeinen Landrechts. Eine Klage im Zivilrechtswege auf Zulassung der Aschenurnen ist möglich. Sie muß auch durchdringen, sofern nicht die Aufnahme von Aschenurnen durch den Kaufvertrag oder die Friedhofsordnung ausgeschlossen ist.

Ad 3. Beschränkungen auf dem Kirchhofe.

Als solche sind möglich Zuweisung eines Platzes in bestimmter Gegend des Kirchhofes (Platz in ungeweihter Erde, in der Abteilung für ungetaufte Kinder oder in der Selbstmörderecke) oder das Verbot, Grabanlagen oder Denkmäler auf dem Platze, wo sich die Urne befindet, zu errichten und zu unterhalten.

Hierüber bestehen Spezialbestimmungen für das Gebiet des gemeinen Rechts und des rheinischen Rechts nicht. Für das landrechtliche Gebiet kommt in Betracht § 188 ALR. II 11: „Ohne Erkenntnis des Staates soll niemandem das ehrliche Begräbnis auf einem öffentlichen Kirchhofe versagt werden" und für die ganze Monarchie der in Note 14 abgedruckte § 1 des Gesetzes betr. die Grenzen beim Gebrauche kirchlicher Strafe- und Zuchtmittel vom 13. Mai 1873. Weitere gesetzliche Bestimmungen sind nicht vorhanden.

In bezug auf die Auslegung des erstgenannten Paragraphen hat die Praxis entschieden, daß ein Rechtsanspruch auf Beerdigung an bestimmter Stelle nicht bestehe. Es kann vielmehr dem Verstorbenen eventuell jede beliebige Stelle auf dem Friedhof nach Belieben der Verwaltung zugewiesen werden, ohne daß darin ein Verstoß gegen § 188 ALR. II 11 liege. Der Tatbestand der Versagung des ehrlichen Begräbnisses sei nur dann vorhanden, wenn die Bestattung erfolge mit Verlust alles dessen, womit sonst das Absterben oder Andenken anderer Leute von ihrem Rang und Stande geehrt zu werden pflegt. Vgl. Entscheidungen des Oberverwaltungsgerichts Bd. 16 S. 360 folg., Bd. 21 S. 128 folg., Bd. 44 S. 61 folg., Bd. 51 S. 200 folg. Dieser Ansicht wird beizustimmen sein. Das sogenannte unehrliche Begräbnis bestand zur Zeit des Erlasses des Allgemeinen Landrechts noch für Selbstmörder und Hingerichtete, Für diese war allerdings vorgeschrieben eine Bestattung mit Verlust alles dessen, womit sonst das Absterben oder Andenken anderer Leute von ihrem Rang und Stande geehrt zu werden pflegt. Eine derartige Bestattung liegt aber noch nicht vor, wenn ein Platz in einer bestimmten Abteilung des Kirchhofes zugewiesen wird, auch wenn diese Abteilung ungeweiht ist oder nur die Gräber von Selbstmördern oder ungetauften Kindern birgt. Erforderlich wäre aber, daß die betreffende Abteilung sich in nichts von den anderen Abteilungen des Friedhofes unterscheidet. Sie muß die gleichen Einrichtungen und Anlagen besitzen, wie die anderen Teile des Friedhofes, es muß auch erlaubt sein, in ihr ebenso wie in den anderen Abteilungen Grabanlagen, Denksteine, Einfriedigungen und ähnlichen Schmuck anzubringen. Ist dies nicht der Fall, so wird allemal eine Verweisung in eine solche Abteilung als gegen § 188 ALR. II 11 verstoßend unzulässig sein.

Die Auslegung des für die ganze Monarchie gültigen § 1 des Gesetzes vom 13. Mai 1873 führt im wesentlichen zu dem gleichen Ergebnisse. In Frage kommen könnte bei der Anwendung dieses Paragraphen, ob in der Verweisung auf eine bestimmte Abteilung des Kirchhofs eine Strafe an der bürgerlichen Ehre liegt. Dies ist für den Regelfall zu verneinen. Eine Strafe an der bürgerlichen Ehre ist gleichbedeutend mit einer Beschimpfung. Eine Beschimpfung liegt in der Verweisung in eine bestimmte Abteilung des Friedhofes noch nicht. Sie kann in einem einzelnen Fall darin liegen, wenn die begleitenden Umstände dies ergeben. Zum Beispiel: in der betreffenden Abteilung des Friedhofes, wohin der Verstorbene verwiesen ist, ruht nur ein Hingerichteter und einer, der sich aus Furcht vor langjähriger gerichtlicher Freiheitsstrafe das Leben genommen hat. Wenn aber noch nicht die besonderen Umstände des Falles dies ergeben, kann eine Beschimpfung noch nicht als vorliegend angesehen werden, falls ein Verstorbener in eine solche Abteilung dec Friedhofes verwiesen worden ist, die sich äußerlich nicht von den anderen Abteilungen unterscheidet. Eine Verweisung in eine Abteilung des Kirchhofes, die sich in den Einrichtungen und Anlagen oder in anderen Dingen von den anderen Abteilungen unterscheidet derart, daß sie als minderwertig anzusehen ist und allgemein als minderwertig angesehen wird, wird immer als eine Kränkung an der bürgerlichen

Ehre des Verstorbenen anzusehen sein und deshalb gegen § 1 des Gesetzes vom 13. Juli 1873 verstoßen. Der bloße Umstand, daß die Erde, in der eine Aschenurne ruht, ungeweiht ist, macht die Verweisung auf eine bestimmte Abteilung noch nicht zu einer solchen, die die bürgerliche Ehre des Verstorbenen angreift. Die Weihe des Kirchhofsterrains ist ja gerade ein rein kirchlicher Akt. Ein Verbot der Errichtung von Grabanlagen und des Aufstellens von Denkmälern oder Grabsteinen wird nach der herrschenden Lebensanschauung weiter Volkskreise immer den Verstorbenen als minderwertig kennzeichnen ebenso etwa das Gebot nur Gras anzusäen und einem anderen die Grasnutzung zu überlassen. Derartige Maßnahmen sind mithin gegenüber der Beisetzungsstätte einer Aschenurne unzulässig.

Da das Gesetz vom 13. Mai 1873 im ganzen Umfange der Monarchie gilt, erübrigt sich auch eine Untersuchung darüber, wie sich sonst die allgemeinen Grundsätze der Partikularrechte zu den angeführten Rechtsgrundsätzen stellen. Gesetze, die dem Hinterbliebenen eines Verstorbenen noch weitergehende Rechte geben als § 188 ALR. II 11 und § 1 des Gesetzes vom 13. Mai 1873 gibt es in Preußen nicht.

Die leider erfolgte Aufhebung der Strafbestimmungen des Gesetzes vom 13. Mai 1873 hindert ein Einschreiten auf Grund des § 1 dieses Gesetzes bei weitem noch nicht. § 1 dieses Gesetzes ist nach wie vor geltendes Recht. Wenn auch strafrechtliche Folgen der Übertretung dieses Paragraphen nicht mehr existieren, so ist es doch immerhin möglich, die Befolgung des Gesetzes auf andere Weise sicherzustellen.

Es fragt sich: wie haben die Hinterbliebenen vorzugehen, wenn ihnen die vorstehend als unzulässig gekennzeichneten Beschränkungen auferlegt werden. Meines Erachtens gibt es hier einen doppelten Weg. Einmal ist die Friedhofsangelegenheit ein Teil der äußeren kirchlichen Ordnung. Bei Verletzung derselben hätte mithin die Landespolizei das Recht einzuschreiten. Vgl. Entscheidungen des Oberverwaltungsgerichts Bd. 21 S. 128 folg., Bd. 51 S. 200 folg. Weiter aber wäre im Gebiete des Allgemeinen Landrechts auch zulässig eine zivilrechtliche Klage auf Duldung einer ordnungsmäßigen Bestattung, sofern es sich um Mitglieder der angegriffenen Kirchengemeinde handelt, da der Verstorbene bzw. seine Hinterbliebenen als Mitglieder der Kirchengemeinde einen privatrechtlichen Anspruch auf Mitbenutzung des Gemeindevermögens haben.

Etwaigen Bestimmungen der Friedhofsordnung, den Aschenurnen sei ein verächtlicher Platz anzuweisen, der den Bestimmungen der vorstehend angeführten beiden Paragraphen widerspricht, muß eine Bestätigung der Aufsichtsbehörden versagt werden, da die betreffenden Gesetze zwingendes Recht sind. Selbst wenn sie aber auch bestätigt wären, sind sie rechtsungültig und für den Richter daher unbeachtlich.

Bei Erbbegräbnissen ist die Verweisung in eine bestimmte Abteilung des Friedhofes deswegen nicht möglich, weil der sogenannte Kaufvertrag über ein Erbbegräbnis ein Recht auf Benutzung einer bestimmten Stelle auf dem Kirchhofe zum Gegenstande hat. Es kann mithin nur in Frage kommen, ob es gestattet ist, etwaigen Aschenurnen, die auf Erbbegräbnissen aufgenommen werden, irgendwelche Beschränkungen in bezug auf die Errichtung von Denkmälern, Grabtafeln usw. aufzuerlegen. Dies ist zu verneinen. Die Versagung der Aufstellung derartiger Erinnerungszeichen ist eine Kränkung an der bürgerlichen Ehre im Sinne des § 1 des Gesetzes vom 13. Mai 1873. Derartige Maßnahmen sind mithin gesetzwidrig. Der Erwerber von Grabstellen oder von Erbbegräbnissen bzw. seine Rechtsnachfolger haben einen zivilrechtlichen Anspruch auf ordnungsmäßige Benutzung des von ihnen erworbenen Terrains. Sie können mithin gegen solche ungesetzmäßigen Beschränkungen im ordentlichen Rechtswege vorgehen.

Anhang: Kommunale Friedhöfe.

Bei Kommunalfriedhöfen, das heißt bei Friedhöfen, die im Eigentum der politischen Gemeinden stehen, wird ein Streit über die vorstehend erörterten Fragen naturgemäß seltener vorkommen, da der eigentliche Widerstand gegen die Zulassung der Feuerbestattung in Preußen von den kirchlichen Behörden ausgeht und nicht von den Kommunen. Im einzelnen ergibt sich hier folgendes: 1. Für die kommunalen Friedhöfe gilt allgemein der Satz, daß jeder Angehörige der politischen Gemeinde einen Rechtsanspruch auf Mitbenutzung des Gemeindevermögens und der Gemeindeanstalten hat, soweit dieselben nicht direkt Gemeindezwecken dienen. Ein Friedhof ist nun nicht bestimmt, um der Gemeinde als solcher zu dienen, sondern um den einzelnen Gemeindeangehörigen zu dienen. Insbesondere bestimmt auch § 190 ALR. II 11 [44]); daß bei Gemeindefriedhöfen jeder Gemeindeangehörige Anspruch auf Begräbnis daselbst machen kann. Dieser Anspruch gründet sich auf § 72 ALR.II 6 [45]), der auch für Korporationen des öffentlichen Rechts gilt. 2. Der Satz, daß es die Zweckbestimmung der Kirchhöfe sei, nur vollständige körperliche Leichen, nicht aber auch Aschenurnen aufzunehmen, läßt sich auch für Kommunalfriedhöfe nicht halten. 3. Die politischen Gemeinden sind ebenso wie die Kirchengemeinden in der Lage, durch den Erlaß lokaler Friedhofsordnungen die Aufnahme von Aschenurnen auszuschließen. Der Erlaß einer solchen Friedhofsordnung hat durch Gemeindebeschluß (Zustimmung des Magistrats und der Stadtverordnetenversammlung bzw. des Gemeindevorstandes und der Gemeindevertretung) zu erfolgen und bedarf der Bestätigung des Bezirksausschusses, in Berlin der Bestätigung des Oberpräsidenten [46]). Für Landgemeinden der Bestätigung des Kreisausschusses. 4. Nach der Sonderbestimmung

[44]) § 190 ALR. II 11. Wo der Kirchhof erweislich nicht der Kirchengesellschaft, sondern der Stadt- oder Dorfgemeinde gehört, da kann jedes Mitglied der Gemeinde, ohne Unterschied der Religion, auch auf das Begräbnis daselbst Anspruch machen.

[45]) § 72 ALR. II 6. Derjenige Teil des Gesellschaftsvermögens, wovon die Nutzungen für die einzelnen Mitglieder bestimmt sind, muß nach den Rechten des gemeinsamen Eigentums behandelt werden.

[46]) Zuständigkeitsgesetz vom 1. August 1883 § 16 Abs. 3: Im übrigen beschließt der Bezirksausschuß über die in den Gemeindeverfassungsgesetzen der Aufsichtsbehörde vorbehaltene Bestätigung (Genehmigung) von Ortsstatuten und sonstigen die städtischen Gemeindeangelegenheiten betreffenden Gemeindebeschlüssen, Landesverwaltungsgesetz vom 30. Juli 1883 § 43 Absatz 3: Zur Zuständigkeit des Bezirksausschusses für den Stadtkreis Berlin gehören die im Verwaltungsstreitverfahren zu behandelnden Angelegenheiten und diejenigen im Beschlußverfahren zu behandelnden Angelegenheiten, welche im einzelnen durch die Gesetze seiner Zuständigkeit überwiesen werden, in betreff der übrigen im Beschlußverfahren zu behandelnden Angelegenheiten tritt für den Stadtkreis Berlin

des § 34 des Zuständigkeitsgesetzes [47]) ist bei Streitigkeiten über das Recht zur Mitbenutzung öffentlicher Gemeindeanstalten zunächst ein Beschluß des Gemeindevorstandes zu erwirken. Gegen den Beschluß ist die Klage im Verwaltungsstreitverfahren zulässig. Eine Klage im Zivilrechtswege ist hier nicht gegeben. 5. Die Möglichkeit mittels einer polizeilichen Verfügung die Aufnahme von Aschenurnen auf einem Kommunalfriedhof zu erlangen, ist nicht vorhanden. Einmal fehlen auch hier wie bei den kirchlichen Friedhöfen die Voraussetzungen für den Erlaß einer polizeilichen Verfügung, weil infolge der Bestimmung des § 3 Ziffer 4 des Feuerbestattunggsesetzes ein allgemein polizeiwidriger Zustand nicht eintreten kann. Besondere gesetzliche Bestimmungen, durch die sich ein polizeiliches Einschreiten rechtfertigen ließe, existieren für Kommunalfriedhöfe gleichfalls nicht. 6. Auch bei Kommunalfriedhöfen kann im voraus eine Grabstelle oder ein Erbbegräbnis erworben werden. Der Erwerb geschieht, ebenso wie bei kirchlichen Friedhöfen, durch ein privatrechtliches Rechtsgeschäft. Der Erwerber bzw. seine Hinterbliebenen haben mithin einen privatrechtlichen Anspruch auf Benutzung der gekauften Stelle, der im ordentlichen Rechtswege verfolgbar ist. Der Inhalt dieses Anspruchs ist derselbe wie bei dem Erwerb von Erbbegräbnissen auf kirchlichen Friedhöfen, es gelten also auch dieselben Beschränkungen wie dort. 7. Bezüglich etwaiger Beschränkungen auf dem Friedhof gilt bei den Kommunalfriedhöfen der § 188 ALR. II 11, nicht aber § 1 des Gesetzes vom 13. Mai 1873, da dieses Gesetz nur speziell gegenüber den Kirchen erlassen ist. Maßnahmen der kommunalen Friedhofsverwaltungen gegenüber Verstorbenen, die sich haben einäschern lassen, sind indessen, soweit sie sich als Beschimpfung oder Ehrenkränkung des Verstorbenen charakterisieren, schon aus allgemeinen Rechtsgrundsätzen anfechtbar, weil niemand das Recht hat, einen Verstorbenen zu beschimpfen und gesetzwidrige Verfügungen der Aufhebung unterliegen Zuständig wären auch hierfür die in § 34 des Zuständigkeitsgesetzes bezeichneten Behörden.

---

der Oberpräsident an die Stelle des Bezirksausschusses, soweit nicht in den Gesetzen ein anderes bestimmt ist.

[47]) Abgedruckt in Note 19.

Nach Abschluß dieses Teiles ist am 15. November 1911 folgender „Runderlaß des evangelischen Oberkirchenrats betr. die Mitwirkung der Geistlichen bei Feuerbestattungen" ergangen:

Wie die 4. und 5. Generalsynode, so hatte auch die 6. ordentliche Generalsynode von 1909 sich mit Anträgen auf Abänderung der kirchlichen Praxis hinsichtlich der Mitwirkung der Geistlichen bei Feuerbestattungen zu beschäftigen. Die Generalsynode hat am 12. November 1909 folgenden Beschluß gefaßt:

„Generalsynode sieht sich nicht veranlaßt, zugunsten der Feuerbestattung ihre durch frühere Beschlüsse kundgegebene Stellung zu dem durch die christliche Sitte geheiligten und im preußischen Staate allein zulässigen Brauch der Erdbestattung aufzugeben oder zu ändern.

Mit Rücksicht auf die im Antrage der XII. Sächsischen Provinzialsynode und in der Petition des Gemeinde-Kirchenrats in Görlitz berührten Notstände überweist sie diesen Antrag und diese Petition dem evangelischen Oberkirchenrat zur Erwägung."

Während der hierauf von uns eingeleiteten Erwägungen ist durch das Staatsgesetz vom 14. September 1911 (Ges.-S. S. 193) die Feuerbestattung in Preußen neben der Erdbestattung für zulässig erklärt; auch sind inzwischen die zur Ausführung des Gesetzes erforderlichen Anordnungen staatsseitig erlassen worden. Mit Rücksicht auf diese Veränderung der Rechtslage ergibt sich die Notwendigkeit, die heute bestehende kirchliche Ordnung, wie sie in den aus besonderen Anlässen ergangenen Verfügungen vom 24. Mai 1880 bzw. 15. Januar 1885 — EO. 1285 bzw. 6349 — u. a. ihren Ausdruck gefunden hat, anderweit zu regeln.

Dabei halten wir im Einverständnis mit den Bekundungen der Generalsynode nach wie vor daran fest, daß es Pflicht und Aufgabe der Kirche sein muß, den durch die christliche Sitte geheiligten und mit dem christlichen Gefühl unseres Volkes eng zusammenhängenden Brauch der Erdbestattung zu bewahren und zu pflegen. Es wird demnach auch bei der eingetretenen Änderung der gesetzlichen Lage seitens der Kirche und ihrer Organe alles zu vermeiden sein, was als eine Förderung der Feuerbestattung erscheinen könnte.

Wir stellen es aber, unter Aufhebung der genannten Verfügungen, den Geistlichen anheim, da, wo ihre amtliche Teilnahme an einer Feuerbestattung begehrt wird, und nicht sonstige kirchliche Gründe die Ablehnung zur Pflicht machen, ihre Mitwirkung in Amtstracht zu gewähren.

Für die Mitwirkung der Geistlichen bei einer häuslichen Feier vor Überführung der Leiche nach einem Krematorium bedarf es keiner besonderen Anordnungen von unserer Seite.

Sollte die Mitwirkung des Geistlichen in einer mit einem Krematorium verbundenen Halle erfolgen, so setzen wir als selbstverständlich voraus, daß die in dem Gesetz vom 14. September d. Js. vorgeschriebenen Bestimmungen sämtlich erfüllt, insbesondere gemäß § 3 Ziffer 3 der betreffende Raum kirchlich würdig hergerichtet ist und alles vermieden wird, was das kirchliche Dekorum verletzen könnte. Die Feier wird sich in den auch sonst üblichen Formen von Rede, Liturgie und Gebet zu vollziehen haben, wobei nur auf Vermeidung der ausschließlich für die Erdbestattung passenden Wendungen und Formeln Rücksicht zu nehmen sein wird. Unter allen Umständen aber muß die amtliche Tätigkeit des Geistlichen vor der Überführung des Sarges in den Verbrennungsapparat ihr Ende erreichen.

Eine nochmalige Funktion des Geistlichen bei Verbringung der Aschenreste darf nicht stattfinden.

Eine Verpflichtung des Geistlichen zur amtlichen Mitwirkung bei einer Feuerbestattung besteht nicht. Glaubt der darum angegangene Geistliche der betreffenden Gemeinde mit Rücksicht auf die gewählte Bestattungsform seine Mitwirkung bei der Feier ablehnen zu sollen, so steht es den Beteiligten frei, sich an einen anderen Geistlichen der Landeskirche zu wenden, der im Falle seiner Bereitwilligkeit alsdann die Handlung zu vollziehen berechtigt ist.

Das Königliche Konsistorium veranlassen wir, vorstehendes zur Kenntnis der Geistlichen zu bringen.

Evangelischer Ober-Kirchenrat.

Voigts.

Der Erlaß gilt für die neun älteren Provinzen. Nach ihm ist der Rechtszustand folgender: Jeder Geistliche der evangelischen Kirche ist berechtigt, aber nicht verpflichtet, bei Feuerbestattungen die kirchlichen Bestattungszeremonien abzuhalten, wenn er darum ersucht wird. Nur folgende Grenzen bestehen fortan: a) Eine kirchliche Feier darf nicht stattfinden, wenn das Krematorium dem § 3 Ziffer 3 des Gesetzes nicht entspricht. b) Nach Verbringung der Leiche in den Verbrennungsapparat darf eine Tätigkeit des Geistlichen nicht mehr stattfinden, insbesondere nicht bei der Beisetzung der Aschenüberreste. Im übrigen ist der Rechtszustand derselbe wie bisher.

Verzeichnis der behandelten Gesetzesstellen.

Seite

C. 1. Cod. Theod. 5, 3 63
L. 25 C. 1, 2 63
C. 12 X 3, 25 63
C. un. in. VI. 3, 21 63

1746 Generalkonzession v. 7. Mai 1746 4
1763 Generalkonzession v. 18. Juli 1763 4
1788 Religionsedikt v. 9. Juli 1788 4
1794 Allgem. Landrecht f. d. preußischen Staaten v. 5. Februar 1794.
II, 6 § 72 76
II, 11 § 1 54
§§ 17 u. 20 4
§§ 108 bis 110 56
§ 183 4
§ 188 . . . . 55, 72
§ 189 57
§ 190 76
§ 761 57
§ 764 . . . . 5, 7
II, 17 § 10 15
II, 20 § 803 55
1791 Constitution v. 3./14. Septembre 1791 70
Concordat v. 26. Messidor an 9, art. 12 70
Decret v. 23. Prairial an 12 . . . . 7, 25, 70, 71
1817 Regierungsinstruktion v. 23. Oktober 1817 2
1825 Kabinettsordre v. 31. Dezember 1825 2
1835 Rheinisch-Westfälische Kirchenordng. v. 5. März 1835 § 33b . . . 16, 71
1836 Kabinettsordre v. 10. Dezember 1836 27
1845 Verordnung v. 27. Juni 1845 § 1 17
Rheinische Landgemeinde-Ordng. v. 23. Juli 1845
§ 7/8 3
§ 108 27
§ 114 . . . . 16, 41
Generalkonzession v. 23. Juli 1845 4
1847 Verordnung v. 15. März 1847 für Westfalen 57
Ges. betr. die jüdischen Synagogengemeinden v. 23. Juni 1847 § 47 folg. 4

Seite
1848 Hannoversches Gesetz v. 14. Oktober 1848 § 18 5
1849 Generalkonzession v. 24. November 1849 4
1850 Preußische Verfassung v. 31. Januar 1850, Art. 13 4
1852 Disziplinargesetz v. 21. Juli 1852 § 18 folg. 21
Bekanntmachung des Min. f. d. Herzogtum Schleswig v. 29. November 1852 § 10 66
1853 Städteordng. f. d. östl. Provinzen v. 30. Mai 1853 § 62 26
1856 Verfügung des Min. f. d. Herzogtümer Holstein u. Lauenburg v. 18. März 1856 66
Städteordng. f. Westfalen v. 19. März 1856 26
Landgemeindeordng. f. Westfalen v. 19. März 1856
§§ 4 u. 5 3
§ 74 27
§ 76 16
§ 80 41
Städteordng. f. d. Rheinprovinz v. 15. Mai 1856 § 57 26
1858 Städteordng. f. Hannover v. 24. Juni 1858 §§ 71 u. 78 26
1859 Bekanntmachung des Hannöv. Ministeriums v. 28. April 1859 . . . 3
1864 Hannöv. Verordng. v. 20. Oktober 1864 66
1867 Verordnung v. 23. Januar 1867 6
1869 Reichsgewerbeordng. v. 21. Juni 1869
§ 16 11
§ 17 folg. 13
1870 Reichsstrafgesetzbuch v. 31. Mai 1870
§ 133 . . . . 23, 25
§ 136 20
§ 168 25
§ 271 20
§ 304 25
§ 305 . . . . 43 folg.
§ 367 Z. 1 2
1871 Preußisches Ausführungsges. z. Reichsges. über den Unterstützungswohnsitz v. 8. März 1871 § 1 27
1872 Kreisordng. f. d. östl. Provinzen v. 13. Dezember 1872 § 59 27
1873 Ges. betr. die Grenzen des Rechtes z. Gebrauch kirchl. Straf- u. Zuchtmittel v. 13. Mai 1873 § 1 . . . . 54, 72 folg.
Kirchengemeinde- u. Synodalordng. f. d. östl. Provinzen v. 10. September 1873 §§ 31 u. 46. . . . . 16, 60
1874 Reichsmilitärges. v. 2. Mai 1874 § 44 37
Ges. betr. d. Rechtsverhältnisse der Mennoniten v. 12. Juli 1874 . . . 4
1875 Erlaß des Justizministers v. 13. Februar 1875 35
Ges. betr. d. Vermögensverwaltung in kath. Kirchengemeinden v. 20. Juni 1875 § 50 . . . . 6, 61
Ges. betr. d. Rechtsverhältnisse der Altkatholiken v. 4. Juli 1875 . . . 4
Ges. betr. d. Rechtsverhältnisse der Baptisten v. 7. Juli 1875 4
Verordng. über die Ausübung der staatl. Hoheitsrechte bei kathol. Gemeinden v. 27. September 1875 . . . . 6, 16, 17, 22, 61

Seite

1876 Ges. betr. d. evangl. Kirchenverfassung v. 3. Juni 1876 Art. 24 . . . 5, 60
Ges. betr. d. Aufsichtsrechte bei der Vermögensverwaltung in kath. Diözesen v. 7. Juli 1876 § 2 . . . . 6, 16, 61
Verordnung v. 9. September 1876 . . . . 5, 17, 22, 60
Verordnung v. 29. September 1876 . . . . 6, 16, 17, 22, 61
Kirchengemeinde- u. Synodalordng. f. Schleswig-Holstein v. 4. November 1876 § 52 . . . . 5, 16, 22, 66

1877 Reichszivilprozeßordng. v. 30. Januar 1877
§ 415 38
§ 887 39
§ 940 40
Strafprozeßordng. v. 1. Februar 1877 § 157 . . . . 28, 35, 43
Gesetz v. 4. Juli 1877 § 33 . . . . 16, 68

1878 Gesetz v. 6. April 1878, Art. 32 . . . . 5, 6, 66
Verordnung v. 19. August 1878 . . . . 17, 22, 66

1879 Erlaß v. 28. Juni 1879 . . . . 17, 66

1882 Kirchengemeinde- u. Synodalordng. f. d. reformierte Kirche d. Prov. Hannover v. 12. April 1882 § 34 . . . . 6, 67

1883 Ges. betr. d. allgem. Landesverwaltung v. 30. Juni 1883
§ 43 76
§§ 127 folg. 2, 15
§ 132 21
Zuständigkeitsges. v. 1. August 1883
§ 5 41
§ 7 2
§ 24 16
§ 34 57
Gesetz v. 6. August 1883 . . . . 16 67

1884 Kreisordng. f. Hannover v. 6. Mai 1884 §§ 24 u. 25 27
Verordnung v. 24. Juli 1884. . . . . 5, 22, 67

1885 Gesetz v. 6. Mai 1885 betr. d. evangl.-luther. Kirche der Prov. Hannover § 3 . . . . 16, 67
Kreisordng. f. Hessen-Nassau v. 7. Juni 1885 §§ 27 u. 28 27
Verordnung v. 24. Juni 1885 . . . . 6, 67
Verordnung v. 10. September 1885. . . . . 17, 67
Presbyterial- u. Synodalordng. f. d. Bezirk des Konsistoriums Kassel v. 16. Dezember 1885
§ 14 67
§ 22 16

1886 Verordnung v. 19. März 1886 . . . . 6, 67
Kreisordng. f. Westfalen v. 31. Juli 1886 § 29 27
Verwaltungsordng. f. das kirchl. Vermögen in d. östl. Provinzen v. 15. März 1886
§ 23 5
§ 30 60
§ 40 17

Seite
1887 Verordnung v. 10. Januar 1887 . . . . 17, 22, 67
Kreisordng. f. d. Rheinprovinz v. 30. Mai 1887 27
Erlaß v. 5. Juli 1887 . . . . 17, 67
1888 Schleswig-Holsteinische Kreisordng. v. 26. Mai 1888 § 51 27
Erlaß v. 23. September 1888 betr. d. Erteilung v. Leichenpässen . . . 43
1889 Kirchengemeindeordng. f. d. evangl.-lutherischen Gemeinden Bornheim usw. v. 11. März 1889
§ 10 . . . . 16, 68
§ 18 68
1890 Gesetz v. 2. Juni 1890, Art. 5 68
1891 Verordng. v. 13. Januar 1891 . . . . 17, 22, 68
Landgemeindeordng. f. d. östl. Provinzen v. 3. Juli 1891 §§ 128 folg. u. 138 . . . . 3, 15
1892 Landgemeindeordng. f. Schleswig-Holstein v. 4. Juli 1892 § 128 folg. u. 138 . . . . 3, 15
Kirchenges. v. 18. Juli 1892, Art. 1 17
1893 Verordng. v. 30. Januar 1893 . . . . 5, 6, 22, 60
Kommunalabgabenges. v. 14. Juli 1893
§ 4 18
§ 77 17
§ 90 21
1895 Erlaß des Finanzministers v. 2. Januar 1895 17
Stempelsteuerges. v. 31. Juli 1895 . . . . 2, 31, 47
1896 Bürgerliches Gesetzbuch f. das Deutsche Reich v. 18. August 1896
§ 683 40
§ 823 14
§§ 1627, 1684/85 38
§ 1968 . . . . 2, 7, 39, 40
§§ 2147, 2192 39
§ 2229 38
§§ 2231 bis 2233 36
§§ 2238, 2249—2252, 2254 37
Einführungsgesetz z. BGB. Art. 11 v. 18. August 1896 39
1897 Hessen-Nassauische Landgemeindeordng. v. 4. August 1897
§ 100 folg. 3, 16, 41
Hessen-Nassauische Städteordng. v. 4. August 1897 § 67 26
1900 Gesetz v. 13. Juni 1900 über d. Polizeiverwaltung in Berlin pp. § 1 2
1907 Gesetz v. 27. März 1907 2
1908 Gesetz v. 7. März 1908 2
Reichseisenbahnverkehrsordng. § 44 . . . . 29, 42
1911 Zweckverbandsges. v. 19. Juli 1911
§§ 1/2 4
§ 11 16
Zweckverbandsges. f. Groß-Berlin v. 19. Juli 1911 § 1 4
Ges. betr. d. Feuerbestattung v. 14. September 1911 . . . . . . 1 folg.
Ministerialverfügungen v. 29. September 1911 . . . . 1 folg.

Seite

Dekret der S. Congr. Inquis. v. 19. Mai 1886 44
v. 15. Dezember 1886 45
v. 27. Juli 1892 47
Erlaß d. evangl. Oberkirchenrats v. 15. Januar 1885 49
Erlaß d. evangl. Konsistoriums zu Kiel v. 13. Dezember 1887 50
Erlaß d. evangl. Landeskonsistoriums zu Hannover v. 16. Juli 1897 50
Erlaß d. evangl. Konsistoriums zu Kassel v. 24. März 1887 51
v. 23. November 1889 51
v. 13. März 1903 52
Erlaß d. evangl. Konsistoriums zu Wiesbaden v. 26. Dezember 1894 5
Erlaß d. evangl. Oberkirchenrats v. 15. November 1911 78

Sachregister.

(Die Zahlen bezeichnen die Seiten.)

Altlutheraner 4.
Ämter, westfälische 3, 16, 17, 22.
Amtsarzt 30 folg., 35.
Änderung der Benutzung von Friedhöfen 22, 60, 66 folg., 71.
Anforderungen, technische 8.
Angehörige anderer Religionsgesellschaften 57.
Anordnung der Feuerbestattung 35 folg,. Fähigkeit dazu 38, verboten für Katholiken 47.
Anstaltsvermögen 63 folg.
Arzt, behandelnder 30 folg.
Aschenbehälter, Schließung 25, unbefugtes Öffnen 25.
Aschenüberreste 10, 23, 24, 25.
Aschenurnen, Aufstellung derselben 56 folg., 65, strafrechtlicher Schutz derselben 43, 44.
Auflage der Feuerbestattung durch Testament 39.
Aufnahme von Aschenurnen 51 folg.
Aufsichtsbehörde 5, 14, 19, 47, 75, staatliche 16, 21, 64, kirchliche 17, 23, 55, 60 folg.
Aufstellung von Aschenüberresten im Zimmer 23, auf Kirchhöfen 50, 52, 55.
Ausgestaltung der Feuerbestattungsanlage 9.
Aushändigung der Asche an Angehörige 23.
Ausländische letztwillige Verfügungen 39.
Ausstattung des Krematoriums und der Leichenhalle 9.

Baptisten 4.
Bedenken, polizeiliche gegen die Feuerbestattungsanlage 11, gegen die Bestattung 28.
Bedürfnisanstalten 11.
Beerdigung 6, 7.
Begleitung, priesterliche 48.
Begräbnis, unehrliches 54, 72.
Beisetzung 25, Zwang dazu 23.
Bekanntmachung der geplanten Errichtung eines Krematoriums 13.
Belästigung durch die Feuerbestattungsanlage 11, 12.
Benutzung der Feuerbestattungsanlage 15, des Kirchhofes 56 folg., veränderte B. von Begräbnisplätzen 22, 60, 67, 68.
Bescheid der Landespolizeibehörde über die Errichtung eines Krematoriums 13, der Sancta Congregatio Inquisitionis 46.
Bescheinigung über vorschriftsmäßige Einsargung 18—20, amtsärztliche über die Todesursache 30 folg., Abfassung ders. 34, Bescheinigung gemäß § 7 Z. 4 des Feuerbest.-Gesetzes 28.
Beschimpfung 55, 73.
Beschränkungen auf dem Kirchhofe 72, 77.
Beschwerde 21, 35, 41.
Bestattungsfeier, kirchliche 49 folg., 54 folg., 78 folg.
Bestattungspflicht 27.
Bestimmungsgemäße Verwendung des Kirchhofs 64.
Bischöfliche Aufsichtsbehörde 5, 17, 23, 55, 61.
Bureauräume 11.
Bürgerliche Ehre 55, 73.

Civilrechtliche Verpflichtung, die Feuerbestattung vorzunehmen 39.
Code civil 69 folg.

Dekrete der Sancta Congregatio Inquisitionis 44 folg.
Dienstbehörde, vorgesetzte 41.

Eigentümer der kirchlichen Friedhöfe 56, 63, 70.
Einäscherung, wie darf sie erfolgen 9.
Einäscherungsregister 11, 19 folg.
Einfriedigung, angemessene 10.
Einsargung der Leiche 43.
Einsegnung, kirchliche 48 folg., 78 folg.
Einstweilige Verfügung über die Feuerbestattung 40.
Einwendungen gegen die Feuerbestattungsanlage 13.
Eisenacher Kirchenkonferenz, Beschlüsse 48.
Entmündigte können nicht Feuerbestattung anordnen 38.
Erbbegräbnisse 61, 69, 72, 75, 77.
Erklärung, mündliche vor einer zur Führung eines öffentlichen Siegels berechtigten Person 37, 39.
Erlasse der Konsistorien zu Kiel, Hannover, Kassel, Wiesbaden, 50 folg., 65.
Erwärmung der Einäscherungsöfen 8.
Evangelischer Oberkirchenrat zur Feuerbestattung 49 folg., 78 folg.

Feststellung der Identität der Leiche 32, des eingetretenen Todes und der Todesursache 33.
Feuerbestattung 1, Rechtsfolge der unerlaubten 2, Anordnung der F. 35 folg.
Feuerbestattungsanlage, Benutzung 15.
Feuerbestattungsvereine 4, 40, 47.
Friedhof, Recht auf Zulassung z. Friedhof 57, 61.
Friedhofskapelle 10.
Friedhofsordnung 59, 62, 65, 67, 71, 75, 76.
Fundort der Leiche 32.

Gebrauchsordnung, Erlaß 15 folg., Inhalt 17, 19, Genehmigung 16, 17, Änderungen 17.
Gebühren für die Einäscherung 18 folg.
Gebührentarif 19, 21.
Gemeindebeschluß 12, 15, 22, 60, 66 folg., 71, 76.
Gemeinden 3, 5.
Gemeindeverbände 3, 5, 16, 22.
Gemeindestatut 15, 60, 66.
Genehmigung, landespolizeiliche 2, 7, muß dieselbe ev. erteilt werden? 6, Zurückziehung 14.
Genehmigung des Bischofs 6, 61, des Konsistoriums und des Regierungspräsidenten 5, 16, 17, 22, 25, 52, 60, 66, 67, 71, 76, G. der Einäscherung 26 folg.
Generalsynode 49.
Grab, Grabmal 44.
Gutsbezirke 3.

Hausandacht 51, 53, 79.
Herausnehmen der Asche aus dem Behälter 21, 23.
Herrnhuter 4.

Inschriften, pietätlose 9.

Kanonisches Recht 63.
Kauf eines Erbbegräbnisses 62.
Kirche, evangelische 4, 49 folg., katholische 4, 44 folg.
Kirchengesellschaft 4, als Eigentümer des Kirchhofes 56.
Kirchengemeinden, altkatholische 4.
Kirchenmitglieder, Rechte am Friedhofe 64.
Kirchliche Anstalt als Eigentümer des Kirchhofs 63 folg., 70.
Kirchliche Feier bei Feuerbestattung 44 folg., 49 folg., 78 folg.
Klage auf Vornahme der Feuerbestattung 39, auf Zulassung zum Friedhof 57, 62, 64, 71, auf Beseitigung von Beschränkungen auf dem Friedhof 75, auf Erfüllung der Pflicht für Begräbnisplätze zu sorgen 7, 14.

Körperschaften des öffentlichen Rechts, denen die Sorge für Beschaffung von Begräbnisplätzen obliegt 4.
Kommunalfriedhöfe 75 folg.
Kommunen verpflichtet Friedhöfe anzulegen 70.
Konsistorium 5, 17, 23, 50 folg., 55.
Kontrolle der Beschaffenheit der Särge 18.
Kosten der Feuerbestattung 19, 40, 27.

Landbürgermeistereien, rheinische 3, 16, 22.
Landespolizeibehörde 2, 7.
Leichen, Leichenteile 1.
Leichenfeier, kirchliche 49 folg., 78 folg.
Leichenhallen 10.
Leichenöffnung 35.
Leichenpaß 29, 42 folg.
Leichenschau 30, ärztliche Vorschriften über die Leichenschau 31—35.
Leichenverbrennung 1.
Letztwillige Verfügung 36 folg,. ausländische 39.
Lokalstatut s. Ortsstatut und Gemeindestatut.

Mangel an eigenen Friedhöfen 58.
Mennoniten 4.
Militärtestament 36 folg.
Mitbenutzung von Friedhöfen anderer Konfessionen 58, öffentlicher Gemeindeanstalten 77.

Nachbarschaft der Feuerbestattungsanlage mit einer Kirche oder Schule 12.
Nachteile, erhebliche durch eine Feuerbestattungsanlage 11.
Nutzungsrecht an Erbbegräbnissen 62.

Ortspolizeibehörde 26 folg.
Ortsstatut 15.

Personen unter 16 Jahren können nicht die Feuerbestattung anordnen 38.
Pertinenz der Kirche 63.
Pflicht zur Aufnahme von Aschenüberresten 25 folg., 55 folg.
Platz in einem abgesonderten Teil des Friedhofes 73.
Polizeiliche Verfügung 2, 14, 58 folg., 68 folg., 71, 77.
Polizeivorgesetzte 5.
Probsteisynodalausschuß 23, 66.
Publikationsverfahren gemäß § 17 Gew.-O. 13.

Räume, geeignete für Trauerfeier 10. für Ärzte, Geistliche, Bedienungspersonal 11, für das Publikum 11.
Rechtsmittel gegen den Bescheid der Landespolizeibehörde bei Errichtung von Krematorien 13.
Reformierte niederländische Konfession 4.
Regierungspräsident als Aufsichtsbehörde 5, 16, 17, 22, 61, 66 folg., 71.
Register über Feuerbestattungen 29.
Religionsgesellschaften, geduldete 4.
Römisches Recht 63.

Sakramente, Verbot der Spendung von 48.
Samtgemeinden, hannöversche 3.
Särge, Beschaffenheit und Inhalt 18.
Schornstein beim Krematorium 9.
Seelengottesdienst, katholischer 48.
Sektionsraum 10.
Selbstmörderecke, Platz in der 73.
Seuchenverdacht 28.
Sorge für die Beschaffung öffentlicher Begräbnisplätze 4, Nichterfüllung derselben 14.
Stempelpflicht der Genehmigung von Feuerbestattungsanlagen 2, der Erlaubnis zur Vornahme einer Feuerbestattung 27, des Attestes über die Todesursache 31.
Streitigkeiten über Benutzung von Gemeindeanstalten 77.
Synagogengemeinden, jüdische 4.

Todesarten, gewaltsame 33.
Toute personne pourra être enterré sur sa proprieté 25, 71.

Transport von Leichen nach auswärts 29, 42.

Unerlaubte Feuerbestattungen 2.
Ungeweihte Erde, Bestattung in 74.
Urnenhain 10, 21.
Urnenhalle 10.

Verbot der Aufnahme von Aschenurnen auf dem Friedhof 65, der Anbringung von Denkmälern und Grabsteinen 73.
Verbrennungsprodukte 9.
Verdacht einer strafbaren Handlung 28.
Verfügung, letztwillige, Formen 36, Widerruf 37, Behandlung durch die Polizei 37.
Verletzung der Vorschriften des § 6 des Gesetzes 23, 42.
Verpflichtung, die Feuerbestattung vornehmen zu lassen 39, zur Mitwirkung bei Leichenfeiern 49, 79.
Versagung des ehrlichen Begräbnisses 55, 72 folg.
Verschickung an ausländische Krematorien 42.
Versendung der Aschenüberreste, Versendungskosten 24.
Versenkung ins Meer 23.
Verweigerung der Zulassung z. Friedhof 55 folg.
Verweisung an die Friedhöfe bei den Krematorien 59, in eine bestimmte Abteilung des Friedhofs 73.
Verwendung des Feuerbestattungsgrundstücks zu anderen Zwecken 21.
Vornahme der Verbrennung einer Leiche, unerlaubte 41, Vornahme der Feuerbestattung den Katholiken verboten 44 folg.

Zerstörung von Aschenurnen 43.
Zulassung zum Friedhof 55, für Angehörige anderer Konfessionen 58.
Zurückziehung der Genehmigung der Feuerbestattungsanlage 14, Verfahren 14, 15, Rechtsmittel 15.
Zustimmung zur Feuerbestattungsanlage 4, 5, zur Errichtung neuer Gebäude und Anlegung neuer Begräbnisplätze bei Kirchengemeinden 5, zur Gebrauchsordnung 16 folg., zur Verwendung des Feuerbestattungsgrundstücks zu anderen Zwecken 22, zum Erlaß von Friedhofsordnungen 60 folg., 66 folg., 71.
Zuwiderhandlungen gegen § 6 des Feuerbestattungsgesetzes 23, 42.
Zuziehung des behandelnden Arztes zur Leichenschau 30.
Zweidrittelmajorität 12.
Zweckbestimmung der Friedhöfe 59, 76.
Zweckverbände des Ges. v. 19. Juli 1911 3 folg., 16, 22.

GPSR Compliance

The European Union's (EU) General Product Safety Regulation (GPSR) is a set of rules that requires consumer products to be safe and our obligations to ensure this.

If you have any concerns about our products, you can contact us on ProductSafety@springernature.com

In case Publisher is established outside the EU, the EU authorized representative is:

Springer Nature Customer Service Center GmbH
Europaplatz 3
69115 Heidelberg, Germany

Batch number: 10844623

Printed by Printforce, the Netherlands